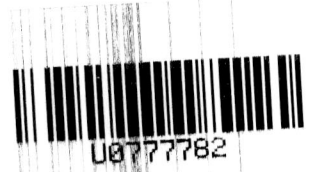

你也可以不那么努力：

如何在工作和生活中与自己和解

［日］ 铃木裕介 著

陶思瑜 译

机械工业出版社

CHINA MACHINE PRESS

无法停止努力的F小姐的故事

虽然前辈说了那种话，但应该只是关心我吧。
既然是工作，那肯定是尽早做完更好！再加把劲！
要再加把劲
但是结果……
今天没有做完。
哒
哒
哒
糟了，快要赶不上末班车了！
呼呼……
慢慢地……
虽然每天都很努力。呼哧呼哧……
哒哒哒……
我果然干什么都不行。

经常有人说我踏实、认真。

我拒绝不了接到的工作，会全力以赴地完成工作任务。

还好，我常常获得别人的称赞。

但是，我无论如何也不觉得“我已经很努力了”“这样就差不多了吧”。

我会不自觉地用对待工作的方式对待老朋友。

我不是很理解自己，也不善于表达自我。

我习惯察言观色，会选择最恰当的词语来迎合对方，取得对方的欢心。

我努力消除与他人之间的隔阂，

我觉得我必须这么做，这毕竟也是我自己想做的事情。

经常有人问我：“你为什么那么努力啊？”

为什么呢？我也不清楚。

我其实也没有觉得自己很努力。

如果要回答这个问题，

我大概会说：“因为我没有尝试过其他的活法。”

我听到过很多善意的建议：

比如“失败了也没关系哦”“最好多偷点懒吧”“偶尔奖励一下自己吧”“做自己更想做的事情吧”。

这些道理我都明白。

但是，我总觉得自己没有资格过那种生活。

说起来，我好像没有自己“想做的事”，

也没有“自己”。

看到那些活出“自己的样子”、尽情地表达自己的情绪，

以及有时候任性而为的人，

虽然也会觉得有点心烦，

但又会莫名地心生羡慕。

我最近经常听到“自我认同感”这个词。

虽然觉得可能跟自己有关，

但又觉得好像跟自己无关。

这个词本身似乎自带某种压迫感，我不喜欢。

如果人的自我认同感低，那么应该怎么办才好呢？

这个问题并不简单。

不过，我有时候会想：

自己在干什么？

什么时候才是个头？

我会这样继续“为了别人”拼命，

然后过完自己的一生吗？

如果是这样的话，我也会觉得，

不如干脆在某个恰当的时候有人来帮我解决所有问题。

据说，世界上有一种鱼，它们一旦停止游动，

就会因为无法摄取足够的氧气而死亡。

我可能也一样。

虽然觉得一直努力很痛苦，

但是如果不努力会更痛苦。

因为一旦停下来不努力，

感觉就会失去一些更为根本的东西。

这让我感到很害怕。

我到底是什么时候开始变成这样的呢？

我大概会继续在努力这条路上一直走下去，

直到自己彻底崩溃。

不对，即使崩溃了，

我可能也不会离开这条路。

即便如此，

如果有其他的活法，

如果有不像现在这么痛苦的办法，

有谁可以悄悄地告诉我吗？

引　言

感谢你购买这本书。

我叫铃木裕介，是一名在东京都工作的心理治疗内科医生。

我在前文介绍的是曾经遇到的 F 小姐的故事。我在倾听 F 小姐讲述她的故事时，脑海中出现了“人生的缰绳”这个词。

所谓“人生的缰绳”，指的是自己可决定自己人生的感觉。换一种说法，也可以将其称为对自己人生的掌控感。

在自己的人生中，需要重视哪些事情呢？

做什么，不做什么？

做的话，什么时候做？用什么样的速度去做？

让自己决定上述事项，对于人的身心健康非常重要。令人遗憾的是，现实中因为各种各样的原因，很多人感到难以抉择。

明明不想努力，但却努力过了头。

为了不辜负周围人的期望，不得不压抑自我。

针对这些人，我之前写过一本书——《成为可以说不的人》。

在这本书中，我提出人可以自己握住自己人生的缰绳。换言之，我们不必一味迎合他人的期望，而要满足自己内心的愿望。只有这样，我们的人生才会变得更加精彩。因此，我们需要明确区分自己与他人的界限，与那些没有边界感的人保持距离。

后来，我将《成为可以说不的人》这本书重新编写成《人生短暂 切莫勉强》。该书出版发行后，取得了不错的销量。

在《人生短暂 切莫勉强》中，我加入了一些心理治疗方法的介绍。比如，如何拒绝别人的不正当要求、如何培养表达自身诉求的能力等。

不过，在日常的接诊过程中我发现了一个问题。

“仅靠这些内容，能否帮助像开头漫画中提到的F小姐这样的人呢？”

我与另一位像F小姐一样无法停止努力的患者交谈时，该患者是这样描述其生活方式的：“我觉得，自己内心有一个像赛马一样全力奔跑的‘小我’。这个‘小我’拽着我努力地工作和生活。如果我没有做到竭尽全力，就感觉那个‘小我’不会原谅我。而真正的‘本我’为了不被‘小我’甩掉，会拼命地死死抓住‘小我’不放手。这样做虽然很痛苦，但我不敢停下来。因为我觉得，一旦停下来就全完了，觉得自己会失去一切。”

她口中努力的“小我”拥有非常强大的动物性能量，这是一种让人感觉很难靠理性或常识来控制住的能量。

本书就是写给那些因为“本我”与“小我”的存在而感到困惑和痛苦的人们。

我首先想声明的是，这本书不是介绍“即刻调整情绪法”“轻松消除压力法”等的锦囊。

这本书的作用是“立 flag”，即树立小目标。

你无法与自己和谐相处的“根本原因”是什么？

无法控制的“小我”到底是何方神圣？

解决这些问题，或许可以促使我们改变与自己的相处方式，又或许能让我们拥有新的人生视野。

我是怀着这样的初衷写完这本书的。

虽说如此，我们也没有必要变得过分严肃。

本书内容虽然比较专业，但我将尽量用通俗易懂的语言进行阐述。

请大家怀着轻松的心情阅读这本书，说不定能从中获得某种启发和帮助。

目　录

第三章　在我之中的各种“小我”

第四章 重构“本我”与“小我”的关系

第一章

过分努力是因为有心理创伤吗

1. 憎恨没有控制力的自己

明明不想努力却忍不住努力。这种无法控制自我的痛苦出现在日常生活的各种场景中。

明明没有多余的精力，很想拒绝别人委托的事情，却还是不得不微笑着照单全收。

想远离某个很在乎的人，正在寻找离开的理由。

有时候会像变了一个人一样突然发怒，事后又后悔不已。

人们身上往往同时存在形色各异的情绪冲动。人就是一个矛盾集合体，这会让人感受到被撕裂的痛苦。

长此以往，人会逐渐地产生出“我无法控制自己的情绪”“自己一无是处，无法朝着理想的人生目标前进”的感觉，然后开始变得自责起来。

即使感觉自己似乎要被无法控制的情绪冲动“撕碎”

了，但是周围却没有人能够理解自己的那种痛苦，而且自己也不明白自己想做什么，继而越来越厌恶自己。大概没有比这更让人痛苦的事情了！

明明想拒绝，却拒绝不了；明明想逃跑，却逃不出去。

明明想变得幸福，却害怕变得幸福。

自己到底是想靠近还是想远离？弄不清楚自己到底想做什么。

随着这种自相矛盾和自我厌恶不断在心中累积，人就会产生负面情绪，认为“像我这样矛盾的人是不可能获得幸福的，我没有存在的价值”。

这种心理被称为“认同障碍”。

自己不认同自己，不理解自己。一旦这种心理持续下去，人就会产生自我“割裂”的感觉。

当然，谁都会经历矛盾和纠结。比如，“半夜想吃拉面，但又害怕长胖，还是不吃算了”。

这种心理纠结与“人格分裂”的区别是什么呢？

区别的关键在于，这种纠结是否产生于自我意识之中。

请想象一下公园的跷跷板和正在看跷跷板的自己。想吃拉面的冲动表明，你清楚地意识到，“吃不吃拉面”和“怕长胖还是不吃了”两种情绪正在自己的内心里激烈交战。就像你站在旁边看跷跷板上下运动一样。这种纠结的本质是，你在自己能够认知的范围之内，内心因为不同的诉求互相冲突而摇摆不定。

此外，在自己认知范围之外产生的纠结则是，来路不明的情绪突然坐到跷跷板的一边，导致内心的跷跷板剧烈地上下晃动。比如，明明想好好珍惜恋人，却不知为何突然感到莫名恐慌，觉得一定要远离对方。

内心因为突然出现莫名其妙的情绪而陷入慌乱。这种感觉就是伴随着人格分裂的纠结，其痛苦程度与半夜忍住不吃拉面的痛苦不可相提并论。

通常的纠结

虽然两种情绪摇摆不定，但自己还是能够把控内心的这种纠结。

人格分裂的纠结

突然产生出莫名其妙的情绪，内心因此慌乱不安。

出现人格分裂的缘由

人为什么会出现人格分裂呢？

解答这个疑问的关键词是“心理创伤”和“生存策略”。

曾经对人的身心造成过巨大影响的事情被称作“心理创伤”。虽然现在这个词经常出现在人们的日常生活中，但大多数人都觉得它跟自己没有什么关系。然而实际上，心理创伤比想象中更具有深远的影响力。

心理创伤体验会产生远超当下所感受到的悲伤愤怒等负面情绪、记忆和身体反应。（为了保证本书内容通俗易懂，此处暂且只讨论“情绪”。）

倘若人的身上长期存在某种难以承受的情绪，那么人就会痛苦到无法正常生活。为了维持日常生活，人需要将那种情绪封存到“本我”的潜意识之中。也就是说，人需要在内心深处建立一面能够阻隔痛苦的隔离墙，将难以承受的情绪封存在自己的潜意识之中。

在隔离墙的里面会产生另一个“小我”来替代“本我”承受心理创伤。于是，令人恐惧的情绪就从“本我”的事情变成了“小我”的事情，“本我”就不用承受痛苦的情绪，从而得到了保护。

隔离墙里面的“小我”被称作“心理创伤部分”，也可以简称为“伙伴”或“部分”。

这是人为了保护自己，于潜意识中形成的生存策略。

怒不可遏的“小我”。

极度恐惧与身体感觉一起被封存的“小我”。

因为遭到亲近者背叛而受到冲击，继而回避亲密关系的“小我”。

因为缺爱而疯狂渴求被爱的“小我”。

在情绪崩溃危机结束后，那个守护“本我”避免情绪崩溃危机的“小我”依旧存在于“本我”之中。这个“小我”会与过去遭受过的庞大数量的负面情绪共存于“本我”之中。它们永远不会消失。

一旦因为压力而导致日常生活难以为继时，那面阻隔“本我”和“小我”的隔离墙的效力就会减弱。而且，如果发生了与封存的“危机”相类似的情况，那么被封存在内心深处的“小我”的情绪就会被强势激活。

这样一来，“小我”的情绪和记忆就会无法控制地从隔离墙中漫溢出来，有时候会像洪水一样倾泻而出。过去遭遇危机时产生的情绪会以当时的感觉和临场感重新袭向当事人。

人如果被这些承担心理创伤的“小我”所携带的情绪击倒，将陷入无法靠理性控制自己的状态之中。

那种情况就宛如分裂后被隐藏的“小我”通过自动驾驶控制住了“本我”一样。

这才是“好像变了一个人一样地生气”“被像‘赛马’一样奔跑的自己拽着跑”的感觉的本来面目。

为了生存的人格分裂

人为了尽量适应危机状况会发生人格分裂，这种生存策略被称作“解离”。由心理创伤引发的各种反应被称为“心理创伤反应”。“解离”是心理创伤反应的一种。

也就是说，被封存在隔离墙里面的那些承担心理创伤的“小我”，是人为了克服一生中经历过的各种危机所必需的生存策略的产物。

人通过解离，将“小我”与内心无法处理的负面情绪、身体感觉和记忆等一起封存起来。之所以要将它们永远隔离在远离日常人格“本我”的地方，是因为如果人可以轻易地接触到那些封存物，那么日常生活就会变得动荡不安。

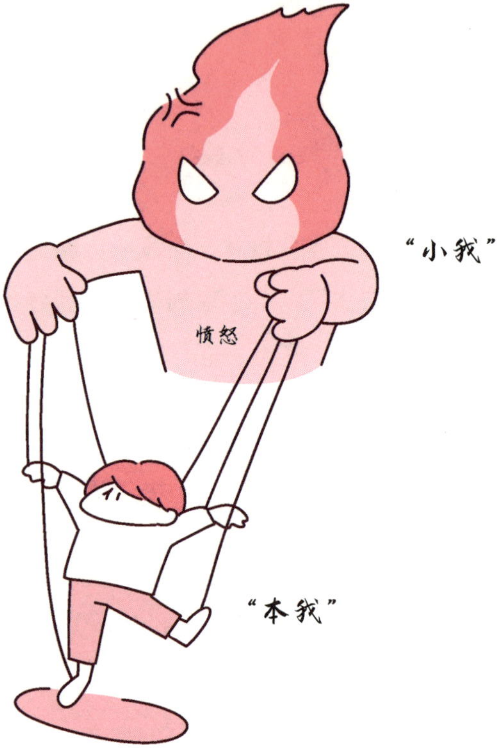
“小我”
愤怒
“本我”

鉴于平时的“本我”无法掌控也不愿意承受心理创伤反应的情绪，所以，如果不将心理创伤情绪封存在无法接触的地方，那么这种封存就没有任何意义了。

换而言之，所谓“小我”，有别于平时的“本我”。仿佛是你，但又不是你本身。可以说，“小我”是维护“本我”正常生活的替身。

不明白什么是心理创伤

大众酒馆
干杯
好久没来这里喝酒了。
因为你总是加班到很晚啦。
哪里哪里，我没有啦。
倒也不是想加班，
不工作的话，心里总感觉有点不安。
叮咚
可能吧……
呃

870.
600.
700.
我感觉可能跟“心理创伤”有关系。
啊？心理创伤？
我以前也觉得工作很痛苦。
去接受心理治疗时，医生告诉我的。
……
嘿，嘿，嘿
哎呀，我应该不至于严重到心理创伤那种程度吧。
唉嘿嘿

2. 心理创伤与所有人都有关

读到这里，可能会有读者认为“我应该没有什么心理创伤吧”“心理创伤是遭受了危及生命的事情才会产生的”。

但是，我想强调的是，不存在没有心理创伤的人。

举例来说，即使没有产生过矛盾，你会不会有时候也觉得“我好像不太喜欢这个人”？

比如，职场上不喜欢的人、一直很讨厌的工作、莫名厌恶的艺人等。这些生活中常见的负面情绪也都与心理创伤有关系。

诸如工作的失败、骚扰、开车、跌倒受伤、生病住院、与他人发生摩擦（吵架、受骗）等，所有的事情背后都潜藏着心理创伤的可能性。

另外，“这个人为什么做了这种事情啊？”不少成为新闻话题但又让人难以理解的行为背后也都与心理创伤有关。

进一步说，复杂的人际关系、难以治愈的心理疾病等，几乎世界上所有的困难都与心理创伤有关。毫不夸张地说，所有人在日常生活中都在见证或者经历着心理创伤反应。

“如果不是遭遇了危及生命的事情，就不配称作心理创伤”是一种很常见的误解。

微小却严重的创伤

咔嚓
晃晃悠悠
今天也忙死了。
唉……
喂！
妈妈……
你爸啊，说今天也会喝到很晚。
明明跟他强调过喝酒要适度。
砰
你敢信吗？
我真的没法跟他一起过下去了！

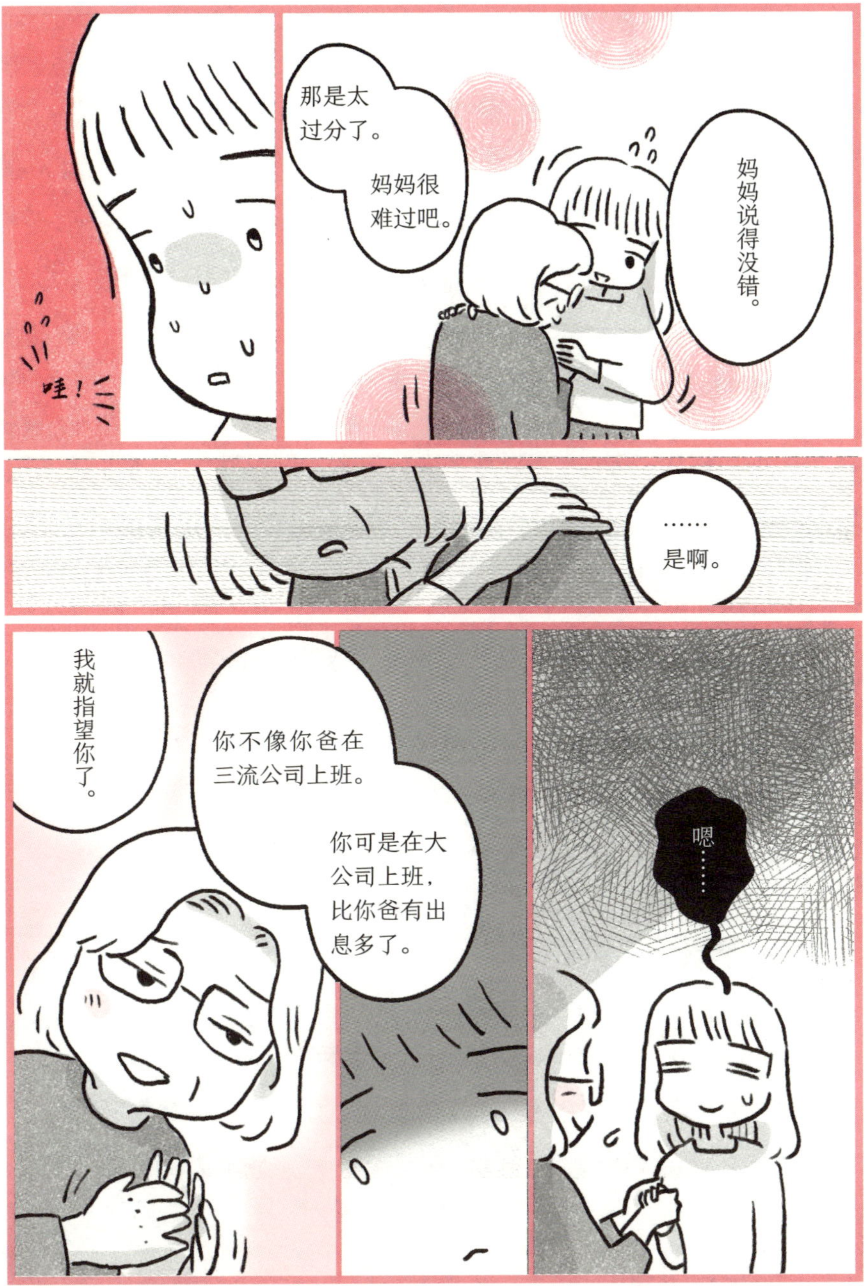
哇！
那是太过分了。
妈妈很难过吧。
妈妈说得没错。
……是啊。
我就指望你了。
你不像你爸在三流公司上班。
你可是在大公司上班，比你爸有出息多了。
嗯……

3. 日常生活中可能发生的“社死体验”

心理创伤存在很多种等级，我将明显关乎生死的重度创伤称作“大 T”，将日常生活中发生的轻度创伤称作“小 t”。

比如战争、自然灾害、性暴力等属于大 T 级别的创伤。相比之下，霸凌、骚扰、离婚、感觉不到父母的爱等则属于小 t 级别的创伤。两相对比，可能有人会觉得小 t 创伤似乎并不严重。

但是，即使没有体验过生物学意义上的濒死状态，某些小 t 级别的创伤体验也完全可能成为“社会性死亡体验”（简称“社死体验”）。

可以说，“社死体验”往往与抚养者（父母）有关。在与父母相处过程中习得的人际交往技能、模式，对孩子日后人际关系的建立会产生巨大的影响。尤其是在儿童期，对于孩子来说，父母就是他们的全部世界，父母对孩子拥有绝对的影响力。不少父母的无心之言会成为束缚孩子今后数十年之久的“诅咒”。

受到亲子关系中习得的人际交往模式的影响，孩子容易被卷入霸凌、骚扰等不平等的人际关系中，或者常常自己主动去建立一些不平等的人际关系。社交媒体的繁荣也加重了这种情况，导致人际关系变得越来越复杂了。

原本孩子是受到父母保护的，应该从父母那里获得安全感，学会正常的人际交往技能等。如果没有学会的话，那也绝对不是孩子的错。

需要引起重视的是，并不是说与父母的关系良好就不存在心理创伤。

因为那些“小我”与现在的你不同，是另一个存在。即使你在长大成人后会意识到“那时候的爸妈挺难的”，但儿童时期分裂出去的“小我”依旧携带着当时无法承受的悲伤和愤怒，与记忆、身体反应等一起被封存在隔离墙里面。

我认为，虽然并不是所有人都经历过“大 T”级别的创伤，但任何人都经历过日常生活中经常发生的“小 t”级别的创伤。所以，我在前文提出了“不存在没有心理创伤的人”。

家庭关系中的“小 t”级创伤事例

日常生活中，经常看到父母关系不和，发生激烈争吵。

父母区别对待子女。

经常看到哥哥不听父母的话，被父母训斥。

一直在努力不辜负父母对自己“好孩子”“好成绩”的无言期待。

恋人 / 友人关系中的“小 t”级创伤事例

遭受伴侣的语言暴力，人格被否定。

因为长相、体型等遭受欺凌、诽谤。

学生时代，看到朋友遭受霸凌，却因为无能为力而产生罪恶感，或者害怕自己也会被霸凌。

这些体验对于当事人来说看似并无大碍，但往往会对他们的身心产生某些深远的影响。哪怕是从影响的程度来看，实际上也远不只是“小t”级创伤的程度。

肉眼看不到的“伤害储量”

过去的心理创伤体验会因为日常生活中遇到的各种事情而突然显现。

比如，当看到某个娱乐圈艺人的“出轨”新闻时，有的人反应激烈，有的人却波澜不惊。这些反应当然与每个人的价值观有关系，但不可否认的是，过去曾遭遇过伴侣背叛的人，其反应会更为激烈。

这是因为过去被伴侣背叛时，为了保护“本我”不受伤害，“小我”被迫承受了悲伤、痛苦、愤怒等情绪。原本这些承受了负面情绪的“小我”被封存到隔离墙里面。但是“出轨”新闻刺激了“小我”，导致那些负面情绪不可遏制地爆发出来。

如果用具体数字来区分情绪级别，那么假设单纯因为“出轨”新闻而产生的愤怒或不悦是级别“3”，而因过去创伤产生的但被封存起来的愤怒是级别“100”。级别“3”的愤怒有时候会成为引发级别“100”愤怒的导火索。根据伤害程度的不同，被封存的愤怒可能不止级别“100”，而是级别“1000”，甚至是级别“10000”。

别人看不到伤害的储量。所以，虽然自己正在遭受由级别“10000”引发的愤怒，但却无法获得他人的理解。“至于发那么大火吗？”“有那么痛苦吗？”这些不理解往往会加重当事人的心理伤害和孤独感。

于是，这里所说的级别“1000”、级别“10000”的愤怒就变成了当事人“未了结”的情绪。过于严重、无法处理的负面情绪被当事人封存在隔离墙里面之后，它们随着时间的流逝而不断累积。显然，随时间累积的不仅仅是

唉!!
×××"出轨"?!
1000
伤害
3
伤害

未了结的情绪，还有记忆和身体体验的痛苦过程。

这些如同地雷一样存储在内心深处的未了结情绪和记忆等，会成为心理创伤的根源。

当因心理压力导致日常内心容量消耗殆尽时，如果发生了导火索事件，那么过去那些未了结的记忆和身体感觉等，就会以当初的现场感状态翻越隔离墙而爆发出来。这种现象叫作“闪回”（flashback）。

关键是关心而非控制

正如前文所说，人之所以因为难以控制的负面情绪而感到无比痛苦，基本上都是因为当事人除了承受当下的负面情绪之外，还受到了之前累积的负面情绪的影响。

因为某种契机，以前存储在内心深处的未了结情绪如洪水一般倾泻而出，此时人是无法控制住自己情绪的。这种情形就犹如船被卷入咆哮的海浪之中时，船长无法掌控住船舵的方向一样。

所以，对于这类情况，我们应该关注的是：自己因为什么受伤？这些伤害对自己的身心造成了什么影响？换言之，对于负面情绪，重要的是关心而非管理或控制。

一般来说，人们普遍认为，“成年人应该管理和控制好自己的情绪”。但是，这种想法恐怕会将那些无论如何也无法靠理性控制自己情绪的人、那些痛苦到给身体造成巨大伤害的人逼上绝路。

与心理创伤密切相关的问题，其痛苦程度与一般的情绪问题完全不能相提并论，其处理方法也完全不同，所以我们需要进行区别对待。不能理解那种痛苦的人应该谨言慎行，不要对那些正在遭受情绪折磨的人随便说“都是成年人了，控制一下自己的情绪吧”。

至此，我解释了为什么说心理创伤离我们很近这个问题。在第二章，我会进一步说明心理创伤的生成机制。

第二章

心理创伤的生成机制

身体记住的记忆

为什么弄得
这么脏！
你是在命令
妈妈给你洗
吗！？
哈啊
妈妈
我也很累的。
呼哧
我一定要做
个好孩子，
不要被妈妈骂。
回头

1. 情绪从身体反应开始产生

在解释心理创伤的生成机制时，先要说明，为什么很难控制心理创伤的相关情绪。

近年来的研究表明，情绪从身体反应开始产生。

比如，出现胸闷、窒息的不适感，身体莫名紧张，感到无地自容。这些身体上的不适集中到大脑的某个部位，被标记为“这是不安”“这是愤怒”。也就是说，人不是因为恐惧而感到心悸，而是感到心悸的身体反应被大脑识别为“恐惧”。

在情绪被标签化之前，这种心悸般的身体反应被称为“情动”。我们的身体始终忠实于本能欲求，我们会将这种现象形容为“情动的”。情动是一种无法靠理性控制的动物性身体反应。

心理创伤也是“身体”的问题

近年来，很多研究者都开始认为，心理创伤不仅是“心理问题”，同时也是“身体问题”。

人一旦面临冲突性事件或巨大压力，肌肉就会紧张，身体就会分泌荷尔蒙。当身体记住这些反应后，就会建立一套“一旦发生 A 事件，就会产生 B 反应（情动）”的程序。

这种身体的记忆被称作“程序记忆”。就像骑单车时会无意识地蹬脚踏板或者控制车头一样，这种刻入身体的记忆会导致“身体不由自主地行动”。所以我们无法靠理性、精神进行控制。

比如，在车祸过去一段时间后，有时候车祸幸存者在给车子加油时，会突然开始心跳加速（= 情动）。

心跳加速的身体反应被大脑识别，并被标记为强烈不安、恐惧的情绪。于是，人就突然产生了想要逃离的冲动。

此时，汽油味成为导火索，激发了身体记忆中的恐惧（程序记忆）情绪重现。由于这种恐惧情绪是作为身体的反射冲动表现出来的，所以虽然有时候当事人也不清楚为什么突然想要逃离，但还是会感到害怕。这就是由“心理创伤反应”引发的情绪的特征。

请大家记住：像这样在特定的情况下引发的条件反射性情绪、身体反应和记忆等，就是心理创伤反应的基本机制。

在第二章开头的漫画中，仅仅是因为听到了与母亲年龄相仿的女性的怒吼声，漫画主人公就不禁身体紧张。此时，统摄主人公大脑的是小时候听到的母亲严厉批评哥哥的呵斥声。即使自己没有经历过糟糕的事情，仅仅只是看到了兄弟姐妹或心爱之人陷入痛苦之中的模样，人也会受到严重的伤害，浑身因为恐惧而发抖。

这种情况叫作“目击者心理创伤”。即使自己不是攻击的直接承受者，也可能造成心理创伤。

无法控制的身心反应事例

我想向大家介绍一个潜伏在日常生活中的心理创伤反应事例。

作为企业的心理援助师，我曾参与一些企业职工的休职或复职决策。我发现，经常有职工即便是结束休假疗养后，体力和精力都已恢复，但随着复工日期的日益临近，因为心神不宁、情绪低落而重新变得虚脱无力，于是选择延长休假时间。

我曾经遇到过一位因为确诊抑郁症而申请休职的职工S。S做事认真，休职期间也从未缺席过医院复诊，并且真诚地接受企业心理咨询师的指导。S属于勤奋类型，面对总是无法治愈的自己，S感到十分自责和无力。

之后，S依旧是只要延长休职时间，自身状态就会稳定下来；一旦约定的复工日期临近，其病症就会恶化。在这种恶性循环不断重复的过程中，由于S已经达到了公司规定的最长休职时限，却也没有任何可以复工的迹象，所以最终不得不从公司辞职。辞职之后，S仍然觉得“自己没出息”“害怕重新回归社会”，便一直没有再出去找工作。

真正的理由是“过往的恐惧再现”

如果深挖S及其当时的身体反应和情绪体验，就会发现，S在职期间曾因为耽误了交货期，被上了年纪的上司严厉呵斥过。所以，一旦复工日期临近，S就会因为担心再次犯错而身体紧张。伴随着这种生理反应，S会感到恐惧和虚脱。像这种作为防御反应的“抑郁（忧郁的情绪）”，不同于一般的抑郁症，它与心理创伤反应密切相关。

我与 S 进行深度沟通后发现，S 从第一次见到那位年长的上司开始，就不大喜欢他，在上司面前变得越来越畏手畏脚。而 S 这种情绪的源头是其曾有被父亲和高中社团指导老师严厉训斥过。原来，S 在与年长男性的交流过程中曾遭受过严重的心理伤害。

我猜测，是 S 至此为止累积的恐惧体验导致其出现不想复工的反应。当人处于与过往恐惧体验相似的特定场景之中时，常常会再次出现肩颈部肌肉紧张、心跳加速的状况。

根据分析，我针对 S 过往的心理创伤体验，谨慎地进行心理治疗。S 的症状因此得到了一定程度的缓解。S 重新工作后，再也没有出现过类似的反应。

2. 职场和日常生活中的心理创伤反应

为了让大家明白心理创伤离我们非常近，我将首先介绍几个在职场和日常生活中常见的心理创伤反应的例子。

职场中的心理创伤反应

❶ 拨打电话、接听电话

“电话恐惧症”是日常生活中具有代表性的心理创伤反应的一个例子。

我猜想，有不少人害怕打电话或接电话。电话铃声一响，就会紧张害怕到不由自主地浑身战栗，甚至手心冒汗、心悸的人也不罕见。

这些反应可能是因为过去曾频繁遭遇过令人恐惧的电

话骚扰，也有可能是因为接到过破口大骂的投诉电话，还有可能是因为接到过通知亲属病危或者遭遇不幸的电话。

在这种情况下，由记忆中累积起来的来电记录所引发的内心躁动不安、面色苍白都是人的自然反应。电话引发的恐惧体验及身体的连锁反应一起作为“程序记忆”被身体记住。于是，电话铃声就成了导火索。即便是来自其他无关人员的电话，也会引发“电话恐惧症”患者一系列的不良身体反应。

有报告称，“英国的千禧一代，有76%的人听到电话铃声时会感到某种不安”。“电话恐惧症”可以说是很常见的心理创伤反应。

❷ 做汇报

“汇报恐惧症”也是职场中很典型的心理创伤反应之一。

大家是否有过这样的经历：在做重要汇报时，因为严重失误而羞愧难当；或者因为不安、紧张而头脑空白？

这些经历成为隐患，日后即使是在人数较少的线上会议上，当被询问意见时，也会不由自主双手发抖、浑身冒冷汗。在其他人面前发言的特定刺激会引发记忆中累积起来的“未了结恐惧”重新再现。

此外，在类似脸红恐惧症、被凝视恐惧症、怯场等被划分为“社交焦虑障碍”或者“社交恐惧症”的心理疾病中，我认为，有不少与上述的心理创伤机制密切相关。

日常生活中的心理创伤反应

另外，日常生活中也可以见到心理创伤反应。

❶ 亲人去世

“哪怕是现在，一旦提到去世的母亲，我还是会忍不住流泪。虽然母亲已经走了很多年了。”

我曾经遇到过这样一位患者。

虽然患者的母亲已经去世多年，但患者一直无法平静地对待母亲去世这件事，总是在自责，“我太懦弱了”“毫无进步”。

但是，“即使过去了很久，影响也不会变小”是心理创伤反应的一大特征。

为了维护“本我”，“小我”背负着与事发当时同等能量的悲伤，并被封存在隔离墙的里面。后来，因为某个契机，被封存的“小我”与爆发的情绪一起显露出来。这就是地地道道的心理创伤反应。

❷ 看到其他人发生争吵

有一些人在看到别人争吵时会坐立不安，只想逃离现场。

这些人，要么就是条件反射地去主动劝架；要么就是不知疲倦地反复观察周围人的反应，避免气氛变糟。不这么做，他们会觉得忐忑不安。不少这种情况的背后其实就暗藏着某种心理创伤。

比如，小时候看到父母激烈争吵时产生的恐惧，将成为一种心理创伤，被身体记住。

争吵、凶险气氛等会成为导火索，引发身体不适感再现，使人变得烦躁不安。于是，人们就会设法采取行动去消除这种状况。

父母争吵会被孩子理解为“心爱的人互相攻击”。对于孩子而言，这会成为一种难以承受的打击。

即使父母争吵时并没有出现暴力相向的情况，但将其形容为孩子生存级别的危机也毫不为过。

❸ 开车

开车也常常会造成心理创伤。在我接诊过的病例中，有患者虽然在一般的车道上开车没有问题，但如果在高速公路上行驶，就会感到胸闷气短。

尤其是在遇到岔路口的时候，心脏会剧烈跳动；一旦开错路，就会陷入类似于手足无措般的焦虑。

我详细询问患者后发现，原来患者曾经突然需要马上开车送丈夫去机场，不得不将两个年幼的孩子独自留在家中。

据患者描述，她送完丈夫后就急忙开车回家。“要是孩子醒来发现我不在家会害怕的。”但是因为不熟悉首都高速公路，她好几次都开车走错了路，被弄得心神不宁。回到家时，孩子们果然因为害怕而大哭大闹，跑到家外面去找爸妈，所幸被附近的人发现后收留。这件事给患者造成了极大的伤害。

当时的混乱、自责情绪和伴随着的呼吸困难、心悸、胸闷等反应一起被身体记住了。后来患者一旦在高速公路上行驶，特别是遇到岔路口时，这些感觉就会重新冒出来。

3. 切断“内心”与“身体”的连接

我将在本节就第一章提到的心理创伤反应之一——“解离”进行详细的说明。

在遇到非常痛苦的事情时，人脑会自动将其识别为“这不是发生在我身上的事情”。

大脑宛如精密的电路板，巨大的创伤则像冲击力极强的高压电流。如果高压电流突然通过精密的电路板会发生什么情况呢？电路板恐怕会发生短路被烧坏。

所以，为了避免人的身心受到伤害，就像电路跳闸一样，大脑的部分功能会停止运行，切断“内心”与“身体”的连接，就仿佛事不关己一样。这种现象被称作“解离”。

为了保护整个网络的中枢“主人格回路”，大脑会切断部分回路，建立“副回路（部分）”，让“副回路”去处理由痛苦体验而引发的“疼痛”感觉。

因此，明明发生了很残酷的事情，却有人会不记得细节，或者仿佛置身事外一样。这些所谓“封存记忆”的现象就是“解离”引发的自我保护。

通过将无法承受的巨大冲击封存在“副回路”中，让“副回路”替代“主人格回路”承受打击，以保证“主人格回路”不会受到影响。这是大脑的一种生存策略。

我想大家可能已经意识到了，这个所谓的“主人格回路”其实就是第一章所说的“本我”，“副回路”则是“小我”。

之前，我一直用“小我”来指代“副回路”，但实际上，封存在隔离墙里面承担心理创伤的“小我”不一定就到了人格级别，也可能只是以特定的情绪、身体反应、记忆等各种形态被隔离开来。在本书中，为了方便讲述，我将统一用“小我”指代。

日常生活中发生的“解离”

包括我自己在内，几乎所有人在日常生活中遇到痛苦的事情时，都或多或少会使用“解离”策略。

比如，被人斥责或者被可怕的人纠缠时，人的大脑会变得一片空白，停止思考或者哑口无言。这也是一种瞬间的“解离”，是大脑经常采用的一种自我保护反应。

如果此类压力经年累月地不断累积，那么“解离”的时长就会随之增加，并逐渐日常化。

比如，一个人经常处于巨大的压力之下，有时候就会出现记忆变得模糊的情况。虽然转眼之间过完了一天，却根本不记得自己都做了什么。回到家后会莫名地泪流不止，内心陷入混乱。

这就是大脑过载后出现了宕机，功能下降，减少了需要处理的信息量和感知的压力量，以求平稳“渡过难关”。

另外，亲人离世也是引发“解离”的典型原因之一。有时候，离世的人越是重要，反倒越会变得无动于衷。这种情况被称作“震惊期”。在死亡发生后的瞬间，人往往容易陷入无动于衷的茫然状态。表面上看去似乎平静地接受了亲人离世的事实，但实际上大脑在无意识中判断目前遭受的打击已经超出身心的负荷，从而自动切断了内心与身体的连接，防止人被情绪洪水吞噬。

常常有人因为在亲人离世时没流眼泪被说成是冷血的人。但实际情况恰恰相反。反倒是大脑为了保护身心，不得不采取“解离”措施，体现出了对逝者的深厚情意。“解离”就像麻醉剂一样，缓解了因亲人离世而引发的痛苦。

我很喜欢漫画《千寻小姐》（安田弘之 / 秋田书店）。在漫画中，主人公千寻小姐遇到痛苦的事情时，应对秘诀就是“切断肉体和精神的连接”。对那些处于困境中的人而言，将内心和身体分开可谓是救命的稻草，是一种在日常生活中经常会用到的生存策略。

4. “解离”的种类与“分级”

至此，我们已经了解了“解离”的概念。现在，有人可能会从“解离”联想到“多重人格（分离性身份障碍）”。它们是同一件事吗？它们有什么区别？接下来，我解释一下“多重人格”与“解离”的区别是什么。

“解离”大致可以分为两种，即分离和分区。

❶ 分离：模糊的“解离”

分离就像是在“自己”和“世界”之间竖起一面墙。通过削弱现实感和模糊意识来减轻人的痛苦。这样，人就会觉得，“好像世界蒙上了一层纱”“自己不是自己”了。

如前所述，虽然在工作或生活中承受着巨大的压力，却不记得当时的情况，这就属于“模糊的‘解离’”。大脑通过降低大脑的部分功能，使人无法感受到痛苦，从而保证人能在充满压力的环境中继续生活下去。

有不少人在日常生活中会经历“分离（模糊的‘解离’）”。

❷ 分区：身份的“解离”

另一种“解离”叫作“分区”。所谓分区，是指人在自己的内心建立起隔离墙，对“本我”进行切割分区。

人一旦有了糟糕的记忆或情绪，为了避免作为主人格的“本我”受到伤害，需要在内心进行分区。将愤怒、悲伤等情绪驱赶至“本我”接触不到的地方，让“本我”可以从痛苦中逃离出来。

如前所述，超出心理承受能力范围的冲击性事件就像强烈的电流冲击，大脑需要采取自我保护，像跳闸一样切断部分大脑的回路网络，将过强的电流冲击阻隔在副回路（部分）中。

这种现象就叫作“分区（身份的‘解离’）”。

分区的三个阶段

“分区（身份的‘解离’）”又可以分为三个阶段。这叫作“结构性‘解离’理论”。这个理论听上去有点晦涩。如果不想了解可以直接跳到第三章。只不过，因为这个理论对理解自我有帮助，所以我还是稍微介绍一下。

我在前文提到，“分区（身份的‘解离’）”是在自己的内心建立隔断，将内心隔离成几个不同的区域，把过于强烈的情绪“封存”在某个隔离区域（部分）中。

作为主人格的部分被称作“人格正常部分”，承载强烈情绪的部分被称作“人格创伤部分”。

平时，正常部分和创伤部分会被“隔离”在不同区域。但是，如果发生了与过去的心理创伤体验极为相似的情况，那么创伤部分就会伴随着强烈的情绪波动冲出隔离墙显露出来。

分离

在自己与世界之间建立隔离墙

分区

在自己的内心建立隔离墙

根据隔离结构的复杂程度，可以将“分区（身份的‘解离’）”分为三个级别。

一级解离

首先，“一级解离（第一次结构性‘解离’）”是最简单的模式，即一个人格正常部分对应一个人格创伤部分的模式。虽然人格正常部分负责平时的生活，但遇到某些突发情况时，则需要由人格的一个创伤部分出面负责。

比如，有的人在经历了地震等大规模灾难后，一旦感觉到地面有小幅度的晃动，也会变得很慌张。这种状态被称为“单次创伤应激障碍”。

二级解离

“二级解离（第二次结构性‘解离’）”则是一个人格正常部分对应多个人格创伤部分的模式。这是我在临床治疗中最常遇到的模式。

比如，在“二级解离”阶段，当人遭遇痛苦的事情时，一个人格正常部分会分裂成多个创伤部分，如实际经历了痛苦的部分、旁观经历的部分、感受愤怒的部分、因为恐惧而动弹不得的部分、为了保护自己而求助他人的部分、彻底迎合或服从对方以避免遭受攻击的部分等。

有的人平时性情温和，却突然无法控制地勃然大怒；有的人因为过度迎合周围人的要求和期待而疲惫不堪。之所以会出现这些情况，是因为人格正常部分无法控制各种人格创伤部分的显现。

不过，因为大家都不知道这个结构，所以只会将正在经历“二级解离”的人视作“突然发脾气的人”“明明那么优秀，却非常自卑”。很多人不了解“二级解离”，以为是自己的性格问题或者情绪掌控能力问题。

虽然“二级解离”属于所谓的“复杂性创伤应激障碍”，但在“边缘型人格障碍”和“双相情感障碍（Ⅱ型）”的患者中，也有相当高比例的人生长于创伤性的养育环境中，所以有越来越多的研究者认为，这种病症其实是由“解离”引发的。

三级解离

最后是“三级解离（第三次结构性‘解离’）”。当“解离”进一步加重后，不仅存在数个人格创伤部分，还出现了多个人格正常部分。这就是所谓的“多重人格”（解离性同一性障碍）。

由于人格的交替变化发生在日常生活中，所以这种情况也会容易被其他人察觉。如果人格正常部分频繁更换，那么频繁更换期间的记忆就会变得模糊，从而导致人自身也容易意识到自己陷入了“解离”状态。

分区的三个阶段

一级解离 一个人格正常部分对应一个人格创伤部分

二级解离 一个人格正常部分对应多个人格创伤部分

三级解离 同时存在多个人格正常部分和多个人格创伤部分

5. 人格由多个“小我”组合而成

接下来，我再详细解释一下人格与“小我”的关系。

“人格”原本就不只是一个大网络，它是由多个小网络组成的。我们可以将这些小网络想象成很多台小的计算机。

构成人格的一个个小网络就是“小我”。“小我”通过网络连接起来协同共事，从而组成一个整体的人格。

换而言之，“小我”（小网络）并非只有承载消极情绪的“小我”，也有承载快乐、安心、童心等积极情绪的“小我”。

每个人都可以根据具体情况，自然地区分使用这些拥有不同功能的“小我”。比如，工作时使用理性的“小我”，与家人在一起时使用放松的“小我”，玩游戏《喷射战士》时使用具有侵略性的“小我”。

然而，那些处于“二级解离”阶段的人，由于过去曾遭遇过打击，平时会将承受打击时产生的暴怒、悲伤的人格创伤部分封存在内心的深处，尽量不表露出来。一旦承载着强烈愤怒、恐惧等心理创伤的“小我”从整体人格网络上被剥离下来，“本我”就无法控制它们了。

如此一来，明明“本我”不想生气，但是隔离墙里面的“小我”却像变了一个人似地大发雷霆。明明“本我”不想听，但是等回过神来时，却发现“小我”正在任人摆布。之所以会发生这些情况，就是因为人正处在“二级解离”状态，这些情况是人格创伤部分导致的。

一旦“分区（身份的‘解离’）”上升到“三级解离”阶段，分裂出来的人格部分就会各自分头行动。这就是所谓的人格分裂状态。

当人处于“三级解离”状态时，其行为举止、思考方式、喜恶偏好都会与平时的自己完全不一样。有的人还会出现改变说话语气和自我称谓的情况。更有甚者，连身体体质都会发生变化。因为“本我”不与其他的“小我”共享记忆，所以“本我”往往不会记得“那个人”的出现。比如，发送了自己都不记得内容的邮件，收到了印象中没有下过单的商品快递。

到了“三级解离”阶段后，因为情况复杂，症状也更加严重，所以很难将其看作单纯的性格问题。

虽然在医学上“三级解离”被认定为重症，但是因为处于“二级解离”的人能够清楚地记得无法控制的情绪和行为，所以他们常常会将失败归因为自己的性格或者情绪控制力，从而导致了他们不必要的自责。

6.“解离”不是“坏事”

关于“解离”我已经说了很多。在此，我特别想强调的是“‘解离’不是坏事”。

工作时稀里糊涂地犯错、生活中饱受心理创伤的折磨，这些情况都会引发痛苦，或者造成人际关系的恶化，所以人们会设法逃离“解离”的状态。

实际上，有不少患者和医生都认为，应该尽快摆脱或者治疗“解离”。

不过，我们也不要忘记，人之所以会出现“解离”状态，是因为身体为了竭尽全力回避更大的痛苦，选择了“解离”的生存策略。所以，“解离”也是有好处的。

避免接触痛苦的情绪或记忆是非常合理的生活方式，它可以保障日常生活的安全。如果没有做好充分的准备就单独取消“防卫策略”——“解离”，反倒更加危险。

不过，一旦因为忙碌或者压力，导致人的内心容量超载，那么“解离”也会无法正常发挥作用。

接下来，我将向大家解释当“解离”无法发挥作用时会发生什么情况，以及如何保持最佳的内心容量。

7.“本我”与“小我”的竞争

让我们重新回到当下人们常提到的烦恼——“无法停止努力”来进行思考。

“本我”的内心容量会因为各种事情而减少。比如，社交压力、疲劳、疾病、工作失误、低气压引发的身体不适等。

因为每个人拥有的能量是有一定限度的，所以“本我”和“小我”就需要争夺日常生活所需要的能量。而且，如果出现突发情况，刺激了“小我”所承载的痛苦，那么被封存在隔离墙里面的“小我”就会逐渐膨胀起来，最终脱离控制。

当“本我”和“小我”的能量平衡状态被打破，“小我”的过度膨胀一旦超过某种限度时，“小我”所携带的痛苦将突破内心容量的限制。随着“本我”能够控制的领域逐渐减少，慢慢地人就将无法再维持正常的日常生活。

这个结构就是“无法停止努力”的根本原因。

为了保护曾被否定而痛苦的自己，大脑产生了“努力”的“小我”。

大脑命令“努力”，要保护身体不再经历那些痛苦的煎熬；只要努力迎合周围人的期待，自我被否定的危险性就会减少。放弃“努力”的防卫策略，会引发巨大的恐惧。

即使“本我”觉得“太累了”“想休息”，也会不断听到从隔离墙里面传来“小我”的“要是就此停止努力，会很危险”的声音，让“本我”不敢违背。如果按照“小我”的要求不断努力，“本我”所占的内心容量就会逐渐减少。而隔离墙里面的“小我”却会不断膨胀，“小我”的声音也会随之变得更大。

“小我”失控后，人的危机感逐渐增加，变得不会休息和拒绝，从而形成恶性循环。

如果“小我”进一步膨胀，继续吞噬“本我”所占的内心容量，那么“解离”将无法继续进行。一旦内心深处的心理创伤泄露出来，人甚至会觉得“受不了了”“放弃算了”。

相反，如果“本我”更占优势，那么人就不会被痛苦的“小我”过多影响，也就能够维持日常生活。因此，平时保持一定的内心容量，反而更容易放松自己，更容易与自我和解，更少感到痛苦。

采取“努力”策略的人，倘若能对自己温柔一点，让自己休息一下，那么“小我”自然会意识到，“那么做没问题吧”“危险”。假设，虽然理解“小我”的反应，却仍然没能保证“本我”所必需的内心容量，那将既不能控制住痛苦，又无法与那些“小我”们进行交流。

最为重要的是，即使我们对休息感到别扭，也要认识这个心理结构，选择那些可以保持“本我”的正常内心容量的行为。

关于第三章的内容

我已经详细介绍了“解离”的类型和具体内容。在第三章“在我之中的各种‘小我’”里，我将具体说明“失控的情绪与‘心理创伤’的关系”。主要是围绕“分区（身份的‘解离’）”的“二级解离”相关话题展开讨论。

读完第三章后，大家将逐渐明白，背负着各种情绪的“小我”们都拥有什么样的作用。

我认为，首先要理解它们的存在。因为承认才是迈向减轻痛苦的第一步，所以请大家务必要读第三章。

第三章

在我之中的各种『小我』

害怕被遗弃的“小我”

喂！
在看吗？
为什么不回复我消息？
你在无视我吗？
对不起，我乱说的。
求求你回复我消息吧。
哒
反正这个人也会抛弃我的
抛弃我了。
呜呜
呜呜
唉
……

1. 童年时期没有得到满足的感觉

如果伴侣回复消息稍微慢了一点，就会发疯似的感到孤独。

别人对自己的态度稍微冷淡了一点，内心就会感到不安，“是不是讨厌我？”“我是不是被抛弃了？”

有不少人会在与他人建立亲密关系的过程中感到极度孤独或者特别害怕被抛弃。

一般认为，如果童年时期没有获得被爱的满足感，那么长大后就会十分渴望被爱，而这种情绪又会因为某种原因而突然爆发。

动物在感知某种危机而变得不安时，自我缓解的最基本办法是“依附其他个体，以求获得安心感”。

“依附”一词在英语中叫作“attachment”，翻译成日语是“依恋”。虽然“依恋”这个词的含义是有限的，但这个词本来就是指代身心想要依附在特定人物上的强烈愿望或行为倾向。

小时候因为害怕而感到不安时，如果能够依附在特定的大人身边获得安心感，那么儿童的内心就会养成一种“心安的感觉”。但令人遗憾的是，总会有一些人无法从家庭中得到足够的关爱，获得充分的安心感。

尤其是儿童的内心容量很小，内心非常脆弱，他们渴望从父母亲人那里获得呵护。如果儿童没有获得足够的安心感，那么会发生什么事情呢？大家应该能够想象得到。对于幼小的儿童而言，如果“通过依附获得安心”“想被呵护”“帮帮我”等需求得不到满足，就意味着他们的生存受到了威胁，这是非常可怕的事情。

这些内心挣扎将逐渐通过“解离”得到解决。

假如人始终处在无法获得足够爱的环境下，那么就需要说服自己其实自身并不需要爱。

渴望被爱的欲求未被满足所导致的伤害、孤独、恐惧等情绪，对于年幼的儿童来说，会造成宛如“世界末日”一般的剧痛，所以大脑不得不把这些情绪交由“小我”来承受，并将其驱赶到隔离墙里面去。

在这种情况下产生的“心理创伤部分”被称为“渴望被爱的部分”。拥有这种“小我”的人，强烈渴望与喜欢的人建立亲密关系，特别害怕对方离开自己或者抛弃自己。

这就是在强烈渴望被爱的同时又害怕被抛弃的“小我”的真实模样。

人们常常因为伴侣没有及时回复消息感到有些落寞。但是，那些从小就在心底积攒了庞大体量“落寞”“渴望被爱”的人，会因为一丁点的落寞感就爆发出剧烈的“被抛弃的恐惧”。

仅仅是没有及时收到回复消息而已，但给这些缺爱的人造成的感觉却是仿佛 3 岁儿童半夜被突然扔进深山里时体验到的恐惧。在那种恐惧感到达顶点时，有时候他们的语调还会退化成儿童般的语调。

人一旦被这种恐惧情绪控制了大脑，那么大脑除了“落寞”“害怕”“不要抛弃我”，就不会思考其他事情了，此时人将变得非常焦虑。然而，其他人却无法理解，并且还会认为“不就是没回复消息而已，太夸张了吧”。

这种情况会加剧当事人的孤独感、被抛弃的恐惧感，进而引发恶性循环。

对伴侣的“爱”变成“执念”

小时候未能获得足够安心感的人，在与伴侣相处的过程中还会呈现出其他特点。

比如，为了弥补过去“被爱”的缺失，有些人会向伴侣索取宛如“理想父母”一样不求回报的爱。一旦发现了自己喜欢的人，就会将对方理想化为“这个人可以填补自己内心的缺失”，产生强烈的亲近冲动，并采取实际行动去接近对方，让对方爱上自己。

与此同时，这些人又非常害怕被伴侣抛弃。他们与伴侣的关系越是亲密，就越是无法容忍伴侣行为上的一丁点偏差。“为什么你不能理解我的不安？”他们对无法完美消除自己不安情绪的伴侣感到愤怒，从而更加担心伴侣是否关心自己。有时候，为了确认伴侣对自己的爱，甚至还会去考验伴侣。

对于幼年缺爱的人来说，伴侣仿佛是小时候的父母一样，与伴侣的关系就相当于他们与世界的关系。因为这些人坚信，“如果这个人不喜欢我了，那我的世界就完了”。所以，无法获得伴侣的关心，就等同于“世界崩塌的危机”。

然而，这种相处模式对于他们的伴侣而言，可谓是“过分的要求”。结果就是，他们之间大多难以维持稳定良好的关系。

那么，应该如何与害怕被抛弃的“小我”相处才好呢？

2. 过去与现在的情绪是不同的

我们需要区别对待承载心理创伤的“小我”的情绪与目前正在看书的“本我”的情绪。

将承载心理创伤的“小我”的情绪与“本我”的情绪混为一谈的情况被称为“混合”。在对待渴望爱情的“小我”时，尤其需要注意“混合”的问题。

因为，如果一个人顺从“小我”的情绪冲动行事，那么将极难与恋人、朋友建立起稳定的关系，甚至还会破坏已经建立了的关系。不仅如此，顺从“小我”的情绪冲动，还会无法实现“想与能够让我感到安心的人建立稳定的关系”的愿望，让人左右为难。

正因为如此，当“落寞”“恐惧”“不要抛弃我”的情绪涌上心头时，可以尝试暂时停下来，反问自己：“这个情绪真的是‘本我’自己的情绪吗？”

真正能够满足“小我”渴望被爱需求的不是别人，而是我们自己。我将在后文介绍如何与“小我”相处的方法。在介绍方法之前，我们首先要知道“小我”的存在，了解曾经未被满足的情绪与现在的“本我”的情绪的区别。

我们还应该知道，“本我”与“小我”的关系也会体现在自己与他人的关系中。

渴望被爱的“小我”，其“希望被注意”“希望被理解”“希望被照顾”的欲求越是被自己忽视或抑制，那么自己就越容易觉得别人不理解自己。

不应要求伴侣充当父母来照顾自己

还有一点很重要，不要利用他人（特别是伴侣）来满足“小我”的欲求。

渴望伴侣提供父母一般的爱，会导致双方的关系难以为继。这是因为，伴侣关系与亲子关系不一样。

另外，此处提到的“父母”，指的是“自己理想中的父母”。由于人会寻求“父母”来完美地弥补自己所有的缺失感、痛苦和孤独感，所以对伴侣的期望值就会不可避免地提高。那些拥有渴望被爱“小我”的人，一般会倾向于选择年长自己很多的伴侣，期待伴侣能提供“父母一般的爱”。

一旦这种期望被辜负后，这些人的内心就会涌现出“为什么不能理解我”的愤怒和悲伤。可是，能够满足那些需求的根本不是“父母”，而只能是神仙级别的存在。

其实，伴侣与父母的作用原本就不一样。伴侣关系是平等的关系。理想的伴侣关系是双方互相接受对方的缺点，同时进行充分的沟通交流，能够互相包容、相互支持。

渴望被爱的人还有一个看似自相矛盾的特点：在向

伴侣寻求完美的爱的同时，也舍不得离开不在乎自己的伴侣。

比如，一般人都会远离那些敷衍对待自己的人。但是，渴望被爱的人却会倾向于认为：“如果被TA讨厌，那么我就完蛋了。所以，无论TA对我有多么糟糕，留下来总比离开要好。”

虽然别人都劝说最好离开那个人，但渴望被爱的人却怎么也做不到。这可能是因为，渴望被爱的人把过去的“小我”的情绪与现在的“本我”的情绪混为一谈了。明明大家都说离开那个人最好，自己却无论如何也做不到。当这种南辕北辙的情绪同时存在于一个人的心中时，此人会非常痛苦，且难以获得周围人的理解。

此时，区分“本我”与承载心理创伤部分的“小我”就变得非常重要。

接受不想被抛弃的“小我”

我再重申一次，因为过去经历过“没有人理解我”“所有人都离开了我”的绝望，所以“本我”的人格发生了解离，出现了渴望被爱的“小我”。

我们要知道，过去的“本我”为了活下来，制造了害怕被抛弃的“小我”。我们不需要抑制这个“小我”，而应该承认并尊重它。这才是改变自我相处方式的第一步。

无法停止突然愤怒的“小我”

这里很容易错，注意点啊！
文件夹里有样本。
这样弄的话，会更快哦。
升为股长后，后辈来找我帮忙的情况变多了。
原来如此，我明白了！
那这里应该怎么做才好呢？
哆嗦……
虽然有人来找我帮忙，我很高兴。
但是……

这点小事请你自己想办法。
好，好的，对不起……
突然生气。
烦躁不安
烦躁
咔嚓
烦躁
啪咔
……
不对，那句话可能还是有点过分了。
怎么办？
我为什么说了那种话啊……

3. 被愤怒的他人操纵的记忆

接下来我们要谈的是狂怒的“小我”。虽然最近“愤怒管理”一词得到了普及，但愤怒大概是最难妥善处理的情绪之一。

在我的熟人中，有一个外号叫“每月一次·吕布”的人。此人平时温文尔雅，但每个月总会爆发一次足够伤害周围所有人的狂怒。这个人每次发泄完怒气后都会感到深深的懊悔。

可以说，当一个人像换了一个人一样狂怒时，正是愤怒的“小我”控制大脑的时候。

人一旦产生愤怒、嫉妒之类的负面情绪，内心就会感到非常痛苦。我认为，负面情绪是一种因为无法控制自己情绪而受伤的情绪的代表性情绪。

因此，有不少人对于愤怒情绪本身持有负面印象。然而我觉得，很多苦于难以控制自己愤怒情绪的人反倒平时是温和敦厚的人，他们会拼命压制住自己的怒气。

一个人想压制愤怒情绪的背后是曾经受过父母或他人怒气的伤害，或者是因为自己发怒而破坏了重要的人际关系等。不仅是愤怒的情绪，其实激烈的情绪本身就让人感到害怕。所以，会有人避免深度接触自己的情绪。

我曾经遇到过一个人。这个人因为学习成绩不好，总是遭到母亲歇斯底里的谩骂，留下了心理创伤，自此非常害怕“愤怒”情绪本身。虽然这个人一直努力避免发怒，但在工作中当遭受了极为不合理待遇时又实在忍不住发火，过后又很自责、受伤。“我像妈妈那样发火了”“明明我不想变成那种人”。可以看到，愤怒所引发的伤害其实是多重且复杂的。

“愤怒”是在保护自己的情绪

那么，应该如何对待这种狂怒的“小我”呢？

我认为，首先要认识到“所有的情绪都有其相应的职责”。

愤怒是一种本能的情绪，可以让人意识到对方越界了。人在感知到不愉快的情绪差距或危险时，大脑会产生愤怒的情绪，促使人采取行动保护自己。可以说，愤怒是人类保护自我时的某种不可或缺的情绪。

我认为，愤怒的本质是“反弹力”。如果没有愤怒的能量，我们就很难保护自己或自己在乎的人免受他人的攻击和控制。

有一个词叫“健康的愤怒（healthy aggression）”，指健全地使用愤怒，拒绝别人的不合理要求。在划清自己与他人的边界线时，“愤怒”可以说是提供能量的主要情绪，宛如保护自己的门卫一样。

平时不发火的“本我”，即使遭到别人的不公正对待，也无法回击对方。当一个人过于逆来顺受到快要保护不了自己时，承载愤怒的“小我”就会在无意识中现身，反击伤害自己的对手，保护“本我”。

换言之，愤怒情绪本身绝非是敌人。“愤怒”实际上是一种防卫机制。平时愤怒的“小我”替代压制愤怒的“本我”承受所有的愤怒情绪，在遇到侵犯自己的人时，愤怒的“小我”就会替代“本我”去猛烈地攻击对方。

假设愤怒的“小我”停止发挥作用，那么过去的你将难以逃离危害或控制而活下来。

与承受包括愤怒在内的所有负面情绪的“小我”相处有一个原则。

那就是，无论自己体内产生的情绪有多么负面，也不要压制或者无视它，而应将其当作自己的东西，认真对待。如果愤怒的“小我”启动发挥作用，希望大家能首先选择尊重愤怒情绪。

无法“管理”的愤怒

有一个词叫“愤怒管理”，即通过认知行为训练，客观地观察并试图控制自己的愤怒。

毫无疑问，认知能力和情绪管理能力在日常生活中非常重要。但是，我认为，一个人可以控制的情绪，都属于比较轻微的情绪。

实际上，有不少人表示过“讨厌‘愤怒管理’这个词本身”。

很多人因为超出自己控制能力范围的“愤怒”而痛苦，却无法获得周围人的理解，被劝说去阅读“愤怒管理”的书籍。有人称此为“愤怒管理骚扰”。

我要重申一下，以“愤怒管理”为首的认知行为训练是非常好的技术。

但是，当带有心理创伤特征的愤怒爆发时，掌管“认知”的大脑部位将严重丧失作用。很多人因为无法控制自己的情绪，被强烈的罪恶感和羞耻感所折磨。

愤怒是难以表达的情绪

此处，我再说一下如何与愤怒相处。

一直以来，愤怒这种情绪表现为落寞、羞耻、悲伤等情感。

回到前面的第一章，我曾提到过愤怒的“储量”这个词。

假设伴侣没有迅速回复消息时感受到的落寞和悲伤的程度级别是“3”。

这个级别“3”的落寞会因为隔离墙里面的“小我”

而加重，有时甚至会加剧至级别“100”。

加重的情绪会演变成对伴侣的愤怒。“不能原谅你让我这么伤心、落寞”的情绪便作为级别“100”的愤怒反馈给了伴侣。

那么，伴侣收到级别“100”的愤怒后会感受到什么呢？

假设一个人被别人不小心踩了脚，却不顾对方已经道歉，仍旧拿棍子殴打对方。那么，即使踩脚的人过错在先，其也会觉得被踩的人在无理取闹。

被“膨胀的愤怒”情绪冲击，也是非常让人受伤的事情。

宽容的人或许能够忍受几次。

但是，多遭受的级别“97”（译者注：100–3=97）的愤怒会继续以“负债”的形式残留在承受方的心里。

如果反复经历这种情况，那么承受方会被逼到忍受的极限，“为什么我要被这样责骂？”

但是，只要你觉得“因为对方惹我生气了，我这么发火是理所当然的”，那么你就不可能察觉到对方与自己在内心感觉上的差距。在这种差距中，存在巨大的沟通风险。

为了规避沟通风险，需要严格区分自己本来感受到的级别“3”的情绪和因过去心理创伤增加的另外级别“97”的情绪。也就是说，虽然自己感受到的情绪是级别“100”，但能够推测出，本来应该感受到的情绪可能仅为级别“3”左右。

如果一个人能够用某种方法靠自己处理好增加的级别“97”部分的情绪，只向对方表达级别“3”部分的不适和不满，那么双方关系的稳定程度将大幅增加。

要做到这一点非常困难。毕竟，自己感受到的是级别“100”的愤怒。

即便如此，如果你希望与他人建立平等且稳定的关系，我建议你务必掌握上述辨析处理情绪的技能。

另一个重点是，表达愤怒本身并不是坏事。

受过重伤且拥有“迎合·服从”的“小我”的人会对表达愤怒持有抵触情绪。

但是，采用“迎合对方”战术的人愿意表达愤怒，这其实也是信赖对方的一种证明。

作为愤怒情绪的承受方，如果对方能够告诉自己两个人在感受上的“差距”，也有利于维护双方的良好关系，是值得庆幸的事情。（仅限于对方不是想控制你，而是想与你建立平等稳定的关系时。）

我自己有时候也会没有注意到与他人之间在感受上的“差距”，不知不觉中给他人造成了不快的感受。当对方表现出愤怒时，才让我意识到两人之间的沟通并不顺畅，这有时也会让我感到震惊。

不过，哪怕背负着关系破裂的风险，也要坦率地承认“存在差距”“沟通不畅”。对于此种情况，我们应该心存感激。

此外，如果表现的愤怒过于严重，往往也会导致信息传达受阻，让对方感到震惊。（以我自己的感觉而言，对于一方的级别“3”的过失，最好用级别“3”的情绪表达去回应。如果是级别“10”，也还能多忍受一下。但如果是级别“97”，我觉得大概谁都挺不住。）

越是自己在乎的人，自己就越不愿承认自己与其之间存在感受上的“差距”。必须要有很大的勇气才能承认“差距”的存在。但我认为，重要的是，直面感受上的“差距”，双方一起认真修正“差距”，同心协力构建更加稳定安心的关系。

愤怒和不适可以促使我们察觉到那些宝贵的“差距”，这是一种很重要的情绪，绝不应该置之不理。

如果想要利用愤怒来改善人际关系，首先需要认真辨析“本我”的愤怒与因为“小我”而膨胀增加的愤怒，然后采用正确的方式表达自己的愤怒。

全力以赴满足对方要求的“小我”

那种浮夸的衣服不适合你。
也是。
咚
朴素
宽松
这件绝对适合你！
……
真的是那件更好吗？
对吧！？
我也没什么品位

4. 迎合对方的沟通天才

在人际交往过程中，一味迎合对方的所有要求、努力讨好对方，这些行为其实也是过去的心理创伤反应。关于这一点，你是不是感到很诧异？

不知道拒绝根本不是意志力强弱的问题。避免与周围人发生争执以保护自身的安全、全力以赴地讨好对方，这些行为被称为“讨好反应”。“fawn”的英文意思是“小鹿”，由此衍生出了像小动物一样察言观色、讨好对方的含义。

具有讨好型人格的人性格非常温柔、心思缜密，看上去很亲切。他们是人际交往中所谓的“迎合型”沟通高手，一般不会给对方带来任何不快。

具有讨好型人格的人可以准确地看清楚对方的需求并完美地满足其需求，这体现出了他们非同寻常的同理心和热情好客的精神，由此也会让他们获得很高的社会评价。

但是，即使具有讨好型人格的人在表面上看着温和敦厚，但是因为总是在探寻“沟通的正确答案”，所以他们内心总是持续处于一种紧张不安的状态。

具有讨好型人格的人的自我评价很低。他们始终觉得，“我没有对方想象的那么厉害”“其实我一无是处、非常糟糕”，确信“如果让别人知道了我的真实模样，大概所有人都会讨厌我”。

而且，为了确保自己内心的真实想法不会流露出来，具有讨好型人格的人会拼命地迎合周围人的期望。虽然周围的人“理想化”他们，让他们感到很痛苦，但他们还是会努力地去满足周围人对他们的要求。

正因为如此，具有讨好型人格的人往往不善于应对那些“难以琢磨（= 讨好）的对手”和询问“你想做什么”“你的愿望是什么”的人。

面对自己感受到的“冒牌感”

具有讨好型人格的人总是习惯于以他人为中心，导致他们觉得“没有自我”“我是冒牌货”。在这一点上，有不少人厌恶自我，甚至有人厌恶到想自我伤害。

由于讨好型人格的人会不顾自己拼命地去讨好别人，且无法客观地看待自己，自我评价很低，所以他们会不顾一切地献身于暴力型人格的人或者依附型人格的人，会自我惩罚般地在异常恶劣的环境中持续工作。

更为糟糕的是，讨好型人格的人的这些行为完美地与日本的传统美德——“察言观色”“他者本位”“以和为贵”相契合。

大家可能不会想到，那些完美地展现了“美德”的生活方式，其实也有作为心理创伤反应的一面。而我写这本书的动机之一，就是希望能让大家意识到这一点。

在日本社会中，很多人为了生存下去，耳濡目染习得的“察言观色”、维持集体的“同频压力”、在求职等社会活动中见到的所谓“被强制的自主性”沟通问题，这些都与心理创伤存在密切的关系。

包括我自己在内，恐怕没有人能做到与上述情况毫无关系。心理创伤性的“讨好”，就是离我们如此之近的事物。

5. 对于无能为力的合理选项

为什么服从、讨好等行为可以被看作心理创伤反应呢？

这是因为，所谓服从，其实就是当自己无能为力时最为合理的生存策略。

比如，处于绝对弱势的儿童，在毫无安全感的环境中，怎样才能活下去呢？

答案是，自始至终满足现场最具影响力的人的要求。向最有影响力的人表示自己没有敌意，讨好对方，并秉持“我什么都可以做，请不要伤害我。请接纳我，让我留在这里”的态度，可以最大限度提高自己的生存概率。

身处“俘虏”般的恶劣环境，“坚持自我”只会给自己带来灾难。当自己的生死存亡掌握在对方手中时，最安全保险的策略就是放弃自己的需求，主动地服从对方。

但是，持续地服从对方会导致服从者的自尊心严重受损，从而产生羞耻感。需要说明的是，此处所说的羞耻感并不是有一点点小害羞，而是会直接导致服从者生存痛苦的糟糕情绪。面对如此严重的痛苦感受，人需要进行人格分裂，才能熬过去。

分裂出服从讨好的“小我”，是人们在生存无助恶劣环境中活下去的最优解。

不难想象，在人生的早期阶段就习得的服从讨好策略，会对今后人际关系的存在形式产生深远的影响。无论服从者多么疲于应付，但是因为全力以赴地讨好别人已成为理所当然，所以还是会不断将自己置于人际关系中的服从地位。

尽管服从者非常痛苦，也很想终止这种不平等的人际关系和过度的自我奉献，但是动物性的危机感又不允许他们停下来做出任何改变。

那些即使自己已经濒临崩溃也要继续努力服从、讨好别人的人，与其服从讨好的“小我”有着密切的关系。

主动和被动的“扮演”

如前所述，坚持服从讨好策略的人，大多抱有“没有自我”的缺失感和“立即讨好对方的自己很卑微”的自我厌恶感。并且，对于“选择”这样的生活方式的自己感到窝囊和无助。

但是，这样的选择真的可以算作自己的选择吗？如果是按照自己的意愿，选择了服从或讨好对方，那么就不应该感到痛苦。即便卑躬屈膝的态度与自己原本的意愿毫无关系，属于条件反射，人也可能产生错觉，误以为所有的行为都是自己有意识地主动为之。

然而，现实情况更加复杂。“讨好”是一种人们和睦相处的策略，它可以让人际沟通变得更为顺畅。

所以，即便是条件反射，其实也存在一定的主动性。这就导致服从者的痛苦变得更为严重和复杂。

有人形容那种复杂的心情是“自作主张地扮演，自作主张地受伤”。这其中就包含了对“扮演”的自我厌恶。

正因为“扮演”同时混合着主动和被动，所以内心的苦闷才变得更为复杂。

在这种复杂的心理活动背后，其实是“想让具有建设性意义的沟通成立”的“本我”与“为了保证安全不得不采取服从讨好策略”的“小我”的混同（融合化）。

准确识别出“本我”与“小我”，虽然很难做到，但却非常重要。因为这会让当事人意识到，“这不完全是基于自己的自由意志做出的选择”。

如果能够重新审视一下自己，认识到一直麻木地为别人活着的“小我”是为了保护“本我”，应该尊重“小我”，那么“自己莫名其妙、令人厌恶”的感觉就可能会逐渐发生改变。

可能已成最不合时宜的生存策略

再次重申一下，在处于不得不采用服从讨好生存策略的情况下，坚持自我，拒绝对方的要求，只会给自己带来危险。

倘若只有最大限度地抑制自我，才能苟延残喘地活下去，那么采用服从讨好策略在当时就是绝对必要的。

哪怕这个过程非常漫长，也请学会积极地肯定自己，承认当时的服从讨好是保护自己生存的最为恰当的策略。

而且，现在可以责怪自己缺少自我，不就正好证明了你已经成功地活了下来，并让自己能够身处追求自我的安全环境下了吗？

倘若如此，生存能力的高度和能够活到现在这个结果本身，就是值得我们无条件尊重的。既然你目前所处的环境已经发生改变，那么服从所有人、讨好所有人，或许就不再是最恰当的策略了。

我认为，虽然要感谢在困境中为了保护自己而彻底贯彻服从讨好策略的“小我”，但同时也应该存在可以让那个“小我”不必再这样努力下去的方法，是不是？

一个人不可能讨好所有人，也没有必要遵从所有的要求和建议。

你的担心应该留给尊敬你并平等对待你的人。只要你能够分辨出一个人是否真正发自内心地尊重你，那么这个服从讨好策略就可以作为“坦诚”，为你的人生加分。

也许，你首先需要辨别清楚，自己是否发自内心地想照顾某个人的感受，然后逐渐停止服从讨好那些不重视你且对你影响小的人。

回避亲密关系的“小我”

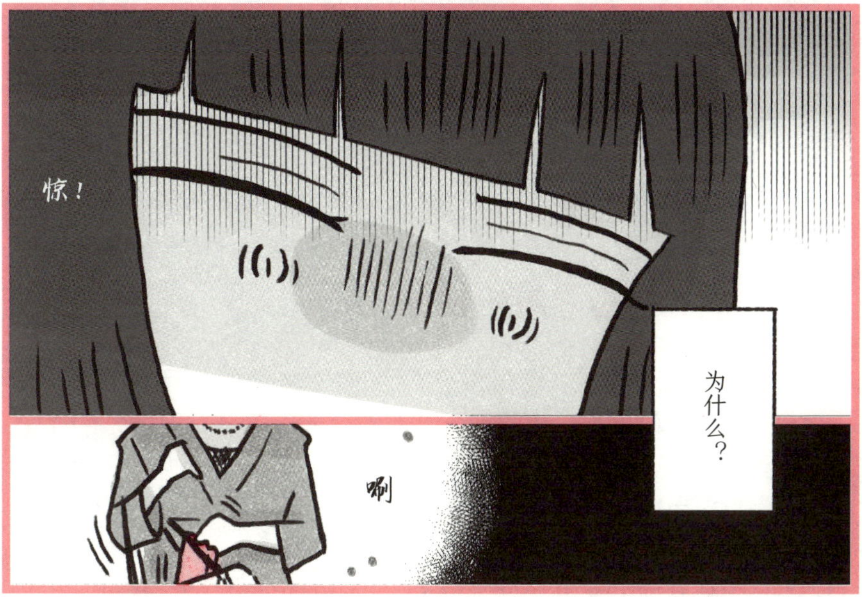

一旦对方喜欢上我，我大概就会失去兴趣吧……

6. 曾经遭遇背叛的记忆

无论如何也无法依靠别人。

无法向别人袒露自己的真实心情。

害怕与别人变得亲密。

很多人都存在上述烦恼。明明觉得与人变得亲密是一件非常简单的事情，可不知为何，自己就是做不到。这种感觉可能也正在折磨着你。

其实，有这种感觉完全不奇怪。只有经历过“还好求助了别人”“幸亏坦白了”之后，人们才能做到在必要时求助他人和开诚布公。如果处于难以对其他人产生信任的环境中，那么坚持不信任任何人，反倒才是合理的。

求助、坦白本就是将毫无防备的自我暴露在对方面前，是非常危险的行为。即使你鼓起勇气寻求帮助或者说出自己的难处，对方也可能不屑一顾，或者背叛出卖你，或者以此为理由要挟、命令你。

如果曾经遭受过这样的伤害，人们自然就会对信赖别人与坦白自己产生强烈的抵触和恐惧。正因为无法忍受遭到被信任的人背叛的痛苦，不想再经历第二次，所以采取了“不信任”的防卫策略。

这些反应可能是源于亲近之人越过人际边界伤害自己的经历，以及被深深伤害的经历所造成的心理创伤反应。

遭到亲友、伴侣的背叛，在父母的激烈争吵中度过童年时期，这些事情都能给人造成心理创伤。

家人是亲密关系的象征。如果家人之间存在问题，那么人们将无法无条件地认为亲密关系是美好的，于是回避与其他人建立亲密关系。

有过那些糟糕经历的人，在生理上厌恶与他人建立心理层面的亲近关系是理所当然的。并且，他们会制造出回避拒绝的“小我”，将与亲密关系相关的痛苦经历剥离出去。因为回避拒绝的“小我”可以保护“本我”免受亲密关系造成的伤害。

过于亲近就会想逃离

对于拥有回避拒绝的“小我”的人而言，与人建立亲密关系是非常可怕的。所以，当他们认为“哎呀，跟那个人说得太多了”“掏心窝了”时，他们会突然意识到，必须要与对方保持距离，且他们无法阻止自己的这种冲动。这种想法不是有意识产生的，而是无意识条件反射的作用。

这就是回避拒绝的“小我”在发挥作用，而且大脑无法控制回避拒绝的“小我”。

当别人主动接近自己、亲近自己，或者伴侣问自己“你真的喜欢我吗”时，会忍不住皱起眉头。

害怕被无法摆脱的关系束缚，也不擅长做任何承诺。

极为讨厌性接触。相反，会像做交易一样态度冷漠地对待性接触。

害怕自己与别人在一起时产生安全感，这对于在亲密关系中遭受过伤害的人来说其实是一种正常反应。

只不过，面对自己不可理喻的行为，这些人需要在自己内心中保持思想与行为的一致性。正因为如此，他们会试图寻找离开的理由。比如，认定“继续交往下去会产生麻烦”，或者寻找对方言行中无法接受的地方，然后得出结论，“果然不能相信这个人”。

拥有回避拒绝的“小我”的人，需要与别人保持一定距离才能感到安全。如果距离的调整变得麻烦，那么他们之中很多人有时候会想重置人际关系。

比如，疲于应付别人的诉苦、人际关系的摩擦，或者被具有依赖型人格的人拿捏。这些事情都会让拥有回避拒绝的“小我”的人逐渐丧失对他人的信任。他人的突然接近，或者突然被人意外告白，也有可能给拥有回避拒绝的“小我”的人造成混乱和伤害。

由于日常生活中的伤害太多了，拥有回避拒绝的“小我”的人会放弃与人交往，“我不可能与别人建立理想中的人际关系”，希望在生活中能彻底摆脱人际关系的烦恼。

拥有回避拒绝“小我”的人常说，他们厌恶亲密关系。亲密关系会引发他们生理不适，就像吃了有毒食物时会忍不住恶心呕吐一样。为了避免再次遭遇过去曾伤害自己的危险情况，这些人的身体会出现生理反应，这正是遭遇过心理创伤的表现。

并非所有的亲密关系都有毒

然而，拒绝所有的亲密关系会让人生变成独角戏，实际上会大幅度增加生活的难度。

拥有回避拒绝的“小我”的人还有一个特征，就是总会感觉到某种淡淡的虚无。虽然亲密关系也包含了大量的麻烦和人际交往的苦恼，但即便如此，大多数人还是渴望拥有亲密关系。这是一种作为群居动物的原始本能。人只有在亲密关系中才能感受到人生的富足感。

并不是所有的亲密关系都有毒，而是存在一些有害的亲密关系。我们既要尊重回避拒绝的“小我”的防卫能力，同时又需要重新思考一下，不问青红皂白地一概拒绝是否是最佳的生存策略。

拥有回避拒绝的“小我”的人也会与他人建立有所保留的人际关系。换言之，他 / 她们并不会完全拒绝对方。

这些人有时候也会去主动接近自己在意的人，并试图缩短双方之间关系的距离。但是，如果对方出乎他 / 她们意料地也表现出好感，拥有回避拒绝的“小我”的人反倒会受到惊吓，并立即拒绝。可以说，这种现象简直就是接近意愿与拒绝意愿相互纠葛引发的条件反射。

但是，拥有回避拒绝的“小我”的人却不理解这种行为背后的原理，而只会深深地自责“自己心血来潮，给对方造成了混乱。自己到底在干什么？”他们由此受到心理伤害，于是越来越远离亲密关系。

我认为，我们首先需要共情这种矛盾给那些拥有回避拒绝的“小我”的人带来了何等的折磨。从“小我”的角度来看，一个人身上既有采取回避拒绝防卫策略的“小我”，同时又有希望别人能够接纳自己的“本我”，两者的共存并不是什么奇怪的事情。

我认为，如果接近意愿与拒绝意愿的矛盾引发了过于严重的痛苦，使人不得不放弃希望被他人认可接纳的人类根本需求，那将造成巨大的损失。因为这会影响到人的生存意志，是引发虚无感的原因之一。

矛盾的意愿也是宝贵的情绪

大多数采取回避拒绝策略的人疲于应付人际关系，害怕与人建立亲密关系。但是，我认为，在他们内心的深处，其实还是强烈地渴望与某个人建立令人安心的人际关系的。这些人最终会鼓起勇气，开口说出自己渴望友情。这是他们作为人类最珍贵的愿望，所以不应该被人忽视。

“回避性”也是我想终身研究的一个课题。在平时的接诊过程中，我总是在思考患者们的虚无感来自何处。我认为，这是一个具有普遍性的“现代课题”。

希望这本书可以帮助那些遇到同样问题的人，助力他们找到解决问题的办法。

害怕善意的“小我”

换工作第一天
因为从未在这个行业工作过，所以有很多不明白的地方。
但是我会努力尽快成为能独当一面的人。
请各位多多关照。
啪啪啪
啪啪啪
请多关照。
有什么不懂的，问我就是！
听说你之前做过工程师啊！
哇
好厉害
下次再聊啊
真好啊
没有没有……那个……

为什么大家都这么亲切！？
如果换作之前的公司……
竟然比领导先下班，岂有此理！
给我拼命干
你得负责啊
下次必须办个欢迎会！
啊？
流汗
谢谢大家！
还是上一家公司有种莫名的安心感。

7. 安全与危险的倒转现象

人们会根据动物的直觉来判断眼前的人或事物对自己是否安全。但是，如果成长在容易发生心理创伤的痛苦环境中，人的安全感知则会适得其反。

也就是说，虽然身处安全的地方，但内心却惴惴不安，觉得危险；明明附近存在威胁，应该提高警惕性，反倒浑然不知，放心大胆。

害怕别人的善意，想要逃离别人的热情。

即使周围人都反对，反倒觉得跟不珍惜自己的伴侣在一起才安全，离不开伴侣。

这些心理倾向显然会阻碍人们构建幸福的人际关系。那么，“安全与危险的倒转现象”的生成机制是什么呢？

一个成长在经常虐待孩子的家庭中的人，难以体验到人类生存必需的尊严感。这些人也没有获得过别人的关心询问和温柔拥抱，而且他们也很难接收“被重视”“被尊重”的信息。

在这种情况下，否定“被重视”本身的价值就成为“要适应环境”。为了适应不受重视的现实，他们采取的生存策略是放弃获得被重视的欲求。如此一来，不受重视变成了日常。变成日常之后，人就能够感到安全了。

所谓安全，换一个说法就是“不超出预料”。也就是说，只要能预测到不可能获得尊重，那么实际上没有获得尊重，也不会引发混乱。

反倒是被温柔地认真对待会成为意料之外（不安全）的事情，让人感到害怕和厌恶。

这就是“安全与危险的倒转现象”的生成机制。

通过“解离”分裂自己的结果是，拒绝他人、警惕他人并与他人保持距离的“小我”与渴望被爱的“本我”达成共存。渴望被爱的需求几乎遭到遗忘，似乎那种需求根本不存在一样。人如果处在渴望被爱的欲求难以获得满足的环境中，这种“欲求不得”就变成了“意料之中”，于是，人会感到安心，鲜少感到失望。

温柔相待是可怕的意外

如果拒绝所有人的顽强的“小我”出场变多，那么来自他人的温柔相待会导致当事人身体出现不适。总体来说，被温柔相待会导致当事人心神不宁，甚至连善待自己也会让人觉得不安。

身处无人温柔善待自己的环境中，人会否定自己获得的温柔。这或许可以说是一种非常合理的生存策略。正因为如此，将自己逼到无法感受温柔的地步，人才会感到安心和安全。

不惜牺牲自我也要一直努力的人经常会说，“不逼自己的话，会不安心”。这句话的背后，很可能是因为他们害怕被人温柔相待。

虽然很多人累了就会休息犒劳自己，但对上述人群来说，休息反倒会让他们感到不安。因此，他们会主动地投身到会最大限度差遣自己的辛苦环境中，从而接近那些非常具有支配性的不平等的人际关系。

明明身心都已经逐渐显出疲态，但是因为顽强的“小我”一直在努力，所以常常需要向其他人抱怨工作的辛苦。

打个比方。原本以为浴缸中泡澡水温度都是100℃的人，突然进到只有40℃热水的浴缸中时，会大吃一惊，并马上从浴缸中跑出去。因为他觉得，“明明进了100℃热水的浴缸里，居然没有被烫伤，这很奇怪”。然后，带着不解，他又马上回到了100℃热水的浴缸里。

这种被善待时感到的不安来自当事人的“毫无经验”和“意料之外”。换言之，知道泡澡并不会烫伤身体，再通过持续不断地尝试，发现“40℃的泡澡水并不会烫伤身体”，慢慢习惯后，身体就完全有可能建立耐受性。

8. 掌握“幸福耐受力”

我的一个朋友提出了“幸福耐受力”的说法，意指承受幸福的能力，我觉得这个概念非常精妙。

实际上，有很多人“害怕变得幸福”，认为“一只脚站在不幸之中才会觉得更安心”。

对于这些人来说，拥有积极情绪远难于发现消极情绪。

一方面，想要摆脱痛苦，变得幸福；另一方面，一旦自己接近幸福，又会感到害怕，不敢抓住幸福。虽然渴望遇到对自己有帮助的人或者地方，但最后还是选择了远离。

假设人的命运的波动幅度正负各有 100 点，那么上述这种生活方式就是为了避免波动至负 100 点，便将其固定在负 90 点处。这真的是一种很悲观的生存策略。换而言之，持有这种生存策略的人认为，唯有变得如此悲观，才能活下去。

在生物的进化过程中，包括人类在内的哺乳动物，一直都采用以“群居生活、协同合作”为核心的生存策略。

对于我们人类来说，想要完全脱离群居生活、抛弃安全感在这个世界上生活下去，是难度极高的。

这是因为，作为人类，大脑、神经所具备的感知安全的能力、建立人际关系的能力并没有完全丧失。而且，与生俱来的渴求人际交往、建立亲密关系的“本我”的愿望也不可能完全消失。

首先，我们需要发现安全与危险的倒转现象。然后，就像往 100℃的热水里一点点地添加凉水一样，渐渐地习得对安全的耐受性，最终才有可能习惯于安心感。

感到舒服的安全场所，对方给自己带来不适感；

害怕受到尊重；

将自己逼到极限的冲动。

在意识到这些情况的同时，也要理解，其实这些都是“小我”的防卫情绪。

逐渐地习惯安全的地方和人际关系带来的全新体验——“安心感”，这就是所谓的“重修安心感”的过程。

就像锻炼平时不常使用的肌肉一样，需要花费时间去慢慢训练。这绝非易事。如果能够习惯这种新的“安心感”，那么内心中的那些“小我”们也将能够和谐相处。

绝望的“小我”

为什么会这样！
心跳骤停
够了
猛地
怦怦
怦怦
怦怦
怦怦
非常抱歉！
啊！真的很绝望……
嘟嘟嘟
绝望指数 95%

9. 将内心的痛苦转换成肉体的痛苦

想自残，想自我伤害。

这类自我伤害的冲动也属于心理创伤反应。

当人被卷入看不到终点的激烈情绪风暴中时，一般都会祈祷“不管怎样，快点结束吧”。这一点也不奇怪。

与其他情绪一样，即便有极端情绪，也是完全正常的。

所谓自残，就是试图通过用肉体的痛苦来替代不知何时才能结束的精神的痛苦，以此来减轻痛苦的程度。

对于饱受心理创伤情绪折磨的大多数人来说，尽快结束痛苦比继续忍受痛苦更轻松。我认为，这种想法是恰当且合理的，至少不应该受到那些不了解情况的人的轻慢贬损。

但实际上，很多人在听到有人表示绝望时，都不能做到很好的应对。

即使那个人是努力鼓足了勇气才说出来的，但也绝对会听到不少人说，“别说那种话”“爱你的人会伤心的”。

绝望的人一旦看到因为自己的极端情绪给别人造成了麻烦，或惹怒了别人，或让别人伤心了，会觉得自己不应该有那样的情绪，否则会给别人带来麻烦。于是，想自我伤害的人不得不独自一人默默地将自我伤害的想法埋藏在心底，尽量不让任何人察觉。

绝望的人越是认为自我伤害的想法是不应该有的想法，隔离墙里面的“小我”要努力承受的情绪就越多。如果“小我”承受了极端情绪，人平时只会感受大概 5% 的“隐约绝望”的情绪。就像前面的漫画“绝望的‘小我’”中所示，倘若“小我”所占的内心容量不够大，或者“小我”受到了外部刺激，那么“一了百了”的情绪就会冒出来。

有多个“小我”与这种“绝望”“崩溃”的心情相关。

承受着痛苦到绝望情绪的“小我”；
认为“感到绝望，放弃更好”的“小我”；
觉得“一了百了”的“小我”；
为了保护自己而努力抑制极端情绪的“小我”。

极端情绪往往是多个“小我”相互纠缠共同导致的结果。

虽然本书为了通俗易懂简化了很多内容，但书中提到的愤怒、回避、讨好、过度努力等情绪并不是由同一个“小我”承受的，而是由多个“小我”在各自努力地消化着这些情绪。

因此，重要的是，要精准地掌握各种“小我”的具体情况，不要一概而论，而要区别对待，给予每个“小我”以足够的重视。可以说，心理治疗专家的工作就是帮助患者厘清每个“小我”的作用和相互之间的关系。

10. 不用马上消除极端情绪

我在此想强调的是，“绝望”“崩溃”的情绪绝不是令人恐惧的敌人。

曾有长年累月遭受极端情绪折磨的患者跟我说：“极端情绪变得不再可怕了。”

“我必须了解替自己背负痛苦情绪的‘小我’。这么一想，我渐渐心疼起了‘小我’。虽然现在有时候也会崩溃，但是没有以前那么害怕了。当冒出自我伤害念头时，我也会觉得‘它今天也很努力啊’。”

突然冒出来的极端念头，恐怕就是那些一直通过解离被封存在隔离墙里面的承受着“痛苦到崩溃”情绪的“小我”留下来的挣扎痕迹。因为极端念头一直滞留在自己的心里，并未了结，所以它们会因为某件事情而突然冒出来。

倘若如此，极端念头就并不是因为“小我”想要攻击“本我”所以才冒了出来，而是被封存在隔离墙里面的“小我”因为某件事情而冒了出来。

我们反倒可以将极端情绪理解为隔离墙里面的“小我”在拼命保护“本我”免受日常生活中巨大痛苦的伤害。这样就能让极端念头和“小我”的关系发生180°大转变。

此外，为了让“极端念头”与“小我”建立起积极的关系，人需要停止抑制极端念头，多倾听隔离墙里面“小我”的声音。

此时，如果能够在心理医生中找到一个可以认可极端情绪正当性的伙伴，会对有极端念头的人有很大帮助。我认为，这种伙伴可能在心理医生中比较容易找到。

11. 帮助者应该如何应对

我经常向心理创伤患者的家人、伴侣解释心理创伤反应的发生机制。对于患者身旁那些想帮助他们的人而言，深入了解心理创伤和解离的相关知识是非常有用的。所以，在此我再补充几点内容。

如果不了解“解离”，那么，当愤怒、渴望被爱的“小我”所承受的情绪爆发出来时，可能会让人觉得，眼前这个人变得不认识了。比如，对方突然变得具有攻击性、突然拒绝我等，他们仿佛换了一个人一样，让人难以理解。

实际上，这种情况是“本我”和“小我”互相替换了。当然，某种意义上，也可以将其理解为换了一个人。

为了在残酷的环境中生存下来，人需要制造出很多的“小我”。其副作用是人会受到多种矛盾情绪的折磨。如果周围的人能对此表示理解，会让当事人感到心安。

如果想与心理创伤患者进行顺畅的交流，那么我们需要认识到，自己面对的不是患者一个人，而是拥有许多“小我”的患者，换句话说，其实就是在与多个人进行交流。

两个禁止事项

在与心理创伤患者进行交往时，有两件事一定不能做。

首先，绝对不能不尊重“小我”。

比如，当一个人的愤怒“小我”显露出来时，此人可能会用攻击性语言去责骂别人。即使是帮助者，面对这些愤怒的“小我”，也有可能忍不住带有某种消极情绪。

但是，在这种时候：

愤怒的“小我”

“讨厌你这么生气。”

“快变回到平时那个温柔的你。”

这一类的话语会向“小我”传递消极的情绪和态度，致使心理创伤患者自身与“小我”的关系更加恶化，“小我”越发加强反抗，最后导致情绪问题变得越糟糕。

“小我”在心理创伤患者最痛苦的时候替代患者本人去承受痛苦，帮助心理创伤患者渡过难关活下去，是非常宝贵的存在。所以希望大家不要敌视“小我”，能够尊重“小我”。

其次，虽然是帮助者，但请不要扮演父母的角色。

尤其需要注意的是，如果帮助者一味满足渴望被爱的“小我”的所有需求，那么心理创伤患者的依附性就会越来越强，进而变得更加依赖帮助者。

面对各种各样的欲求和情绪，希望帮助者能够冷静地辨析清楚，哪些是属于心理创伤患者本人的，哪些是属于“小我”的（虽然这的确很难）。

另外，如果心理创伤患者存在相互矛盾的欲求，让帮助者感到很困惑，比如“虽然身心俱疲想休息，但是拒绝工作又会感到不安和痛苦”，那么请帮助者参考下列事项，采取行动。

是否有望脱离至今为止的“恶循环”；
未来会不会变得光明；
是否具有可持续性。

在与心理创伤患者接触时，缺乏专业知识的帮助者可能会产生很多困惑。即使这些困惑只是一些感性认识，也没有关系，请将其当作行动的一个指标。

有些帮助者可能也不太清楚，对于心理创伤患者的过分要求，我们应该满足到何种程度。

此时，帮助者应该明确可以做的事情和不可以做的事情，并自始至终保持作为他人的边界感，这样反而可以让双方的关系变得稳定。

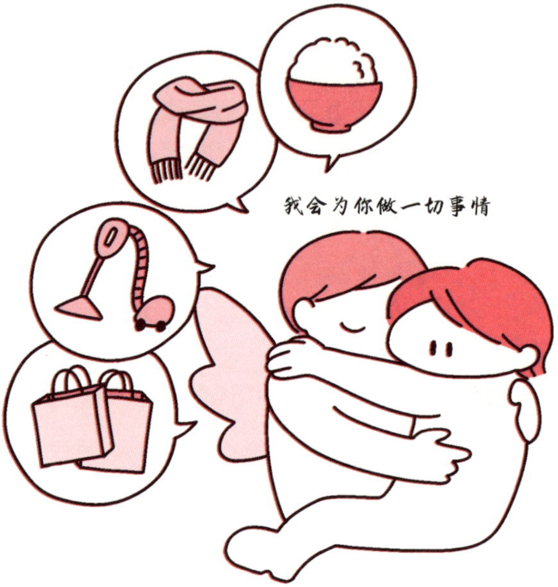
我会为你做一切事情

比如，当伴侣提出“如果你重视我，就要一直留在我身边”的要求时，如果回复说“虽然你很重要，但是我没法满足你的所有要求”，就可以在彼此之间建立健全的边界感。

我的恩师曾教导我，在爱别人的技术中，建立健全的边界感是一种最难且最高尚的技术。我在自己的临床实践中，多次亲身验证了恩师所言不虚。

第四章

重构『本我』与『小我』的关系

1. 自己的“影子”也是自己

到目前为止，我们已经了解了各种各样的“小我”。在本章，我打算重新围绕“与‘小我’的相处方式”展开讨论。

在我很喜欢的游戏《女神异闻录 4》（ATLUS）中，有一个“阴影”的存在。“阴影”原本是荣格心理学中的一个概念，简单来说，意指自己不愿意承认的自己的某一个部分，是在人生中需要隐藏起来的阴暗面。

在这款游戏中，“阴影”以与游戏角色们相同的模样出现。“阴影”会暴露主人公们平时压抑的愤怒和嫉妒等情绪。由于游戏角色的懦弱，他们想要隐藏的阴暗面被暴露在光天化日之下，这让游戏角色们狼狈不堪，他们冲着“阴影”怒吼道：

“你才不是我！！”

游戏角色们不断否定和隐藏自己的阴暗面——“阴影”的结果是，最终“阴影”失控，准备击败游戏角色们。游戏角色们遭到了所隐藏的“阴影”的报复。

游戏《女神异闻录4》的“阴影”教会了我们一个道理：如果一味地打压承受着我们想要隐藏的情绪的“小我”，反倒会导致情绪失控，引发各种糟糕的情况。

在游戏中，角色们结束了与“阴影”的战斗后说：

“你是我……我是你。

总而言之，其实就是我自己啊！”

在游戏中，当角色们接纳了自己的“阴影”之后，不仅能力得到了升级，人格也会成长。

重新审视目前的生存策略

看了游戏角色与“阴影”的关系之后，我明白了发现并认可自己的阴暗面“小我”，会极大地改变自我认知。

“愤怒”“恐惧”“拒绝”“自我伤害”的情绪都绝非敌人，它们其实都是自我的一部分，是为了保护“本我”而出现的。

正如我在第三章讨好反应中所解释的一样，很多通过分裂出“小我”以渡过难关的人往往会假装老成持重且都很平易近人。他们大多是完美主义者，有着强烈的羞耻心，成熟稳重。与此同时，他们也认为自己很伪善，只是在迎合着别人的期待，真正的自己其实空无一物。

想要与“小我”和谐相处，重要的是要认识到过往经历所产生的情绪、身体反应依旧存在，并对现在的生活造成了巨大影响。包括“解离”在内的一系列反应，其实都是自己为了渡过难关所必须采取的某种手段。只有认识、理解到了这一点，才算是迈出了与“小我”和谐相处的第一步。

而且，最好还要认识到身处危险中所采取的生存策略已经不适用于现在的情况（没有当时那么危险）了。

让过去的自己活下来的“小我”待在隔离墙里面，它当然不知道原来的生存策略已经不适合现在的情况了，它依旧在因为当时的危机状况而瑟瑟发抖，全力以赴地保护着“本我”，它还以为它自己在做好事。

正因为如此，一旦感觉自己在乎的人即将离开，“小我”就会拼命地死咬住对方不放。如果别人接近自己，想与自己成为朋友，“小我”则会觉得“亲密关系是危险的”，从而极力拒绝对方。因为“拒绝对方就没办法活下去”，所以倘若有人有求于自己，“小我”就会照单全收。

“小我”所做的一切都是为了保护“本我”。就像野生动物一样，其都是出于自身的一种本能。“小我”通过激烈的身体反应向“本我”激情诉说着当时的惨痛。

“小我”践行当初生存策略的结果是，这个策略与现在已经成为大人的“本我”所处的环境不适配了。

这就仿佛是一直带着战时生存必需的枪支、穿着战时生存必需的作战服，生活在和平时期安全的街区环境里一样。进一步来说，也许正是那些沉重的装备，影响了自己在安全街区的生活和人际关系的建立。

“小我”并不是自己的敌人。我们要理解“小我”的存在和作用，理解“小我”已经不适合当下的生活。我们应该承认“小我”的存在和功劳，并重新建立与“小我”的关系。也就是说，与“小我”的“和谐共处”非常重要。

否定“小我”并试图囚禁“小我”会适得其反。

据说，曾经还有人认为，“因为医生承认了‘小我’和多重人格，所以才出现了‘小我’和多重人格”。“即使应该承认‘小我’和多重人格的存在，也不应理睬它们。最终应该消灭它们。”

然而，这种处理方式存在加重患者不适症状的危险。而且我本人也认为：“绝不能（严禁）否定和囚禁‘小我’。”

“小我”是在没有任何人可以帮助到自己的极度痛苦情况时，人为了努力渡过难关而产生的。

无视这些“小我”，就是在重现当时没有人理解、没有人帮助自己的情形。

“小我”不是自己本身，而是为了让自己活下去才产生的“自己身体内的他人”。我们应该在承认“小我”存在和作用的基础上，与这些“小我”进行认真的对话。这个内心的对话过程才是与“小我”和谐共处的方法。

请不要无视“小我”，或者权当“小我”不存在。

请把“小我”视作自己的所有物，不要强迫自己去打压“小我”，而要去倾听“小我”的声音。

请把“小我”当作自己身体内的他人，并予以尊重。

如果能做到这些，那么你与隔离墙里面的“小我”的关系将逐渐得到改善。

2. 靠着责怪自己熬了过来

自己生活的痛苦来自何处？为什么自己会被激烈的情绪和绝望所支配？为什么自己会主动放弃幸福、选择痛苦？

我想大家都在努力地去理解似乎连自己也不明白的生活方式。

人生在世，格外需要“意义”。人类无法像其他动物一样，只需要顺应本能，为了繁衍活下去。人是“意义的奴隶”。或许这才是人有别于其他动物的原因所在。而这个“意义”，换一种说法就是“故事”。

为什么只有我总是遇到这些糟糕的事情？

为什么我这么努力也没有得到回报？

当无法理解发生在自己身上的厄运时，很多人就会通过将自己描述成坏人来赋予厄运以意义。“全都是我的错”“那次的所作所为让我遭到报应了”。

这些故事可以解释发生在自己身上的所有不合理和不幸，某种意义上，它们都是最强大的故事。

通过将厄运归因成自己的过错，人可以寻找到微弱的希望，即“如果自己努力改变的话，情况就会发生好转”。比如，“如果我能变得厉害，父母可能就会爱我”。如果承认是父母错了，那就会看不到希望。这种想法是孩子为了在缺爱的家庭中活下去而找到的不会让自己失望的办法。

“我不觉得像我这样的人可以活在这个世界上。”

过去也有说这种话的人。以活着本身为羞耻的强烈的罪恶感，或许与那种终极的生存策略密不可分。

为了逃离绝境而采取的生存策略留下的影响是，生存级别的罪恶感、羞耻感深深刻进了骨髓里，即使脱离危机后也依然存在。

而且这些人现在也活在“我的不幸全是我自己的错”的世界里。对于目前为止的你来说，当“没有人会帮助我”“别无他法”时，可能也只有责怪自己这一个可选项了。

自己制造自虐的故事，可以增强忍受外界伤害造成的痛苦的耐受力。自虐的故事能够提升在充满痛苦的世界里活下去的生存能力。作为一种生存策略，自虐的故事有着其存在的必然性。肯定有不少人选择了这种生存策略。

但是，基于前文，我请大家能否用稍微不同的视角来审视那些自虐的故事。如此一来，或许大家就会发现，那里有一个“小我”，它承受了所有的罪恶感和自责感（“全是我的错”），背负着那些阴暗的故事。

3. 戴着心理创伤的“眼镜”看故事

有一个词叫心理创伤的“眼镜”㊀。意思是，在考虑到可能是心理创伤影响的基础上，去把握目前的情况和自己的身心状况。

在主题公园、电影院可以看到具有立体效果的3D电影。如果直接用肉眼去观看3D电影，就会觉得画面影像重叠不清晰，不知道电影在演什么。但是，戴上公园或影院提供的3D眼镜后，眼前的画面就会变得清晰，就能够看懂电影想表达的内容了。

心理创伤也是一样。了解心理创伤的原理，会完全改变人们对世界的认知。有了“心理创伤”这一视角后，人们就可以用不同的方式去解释自己的人生了。

㊀ 《创伤知情护理：从援助的视角重新理解“问题行为”》（野坂祐子著，日本评论社出版）

你感受到的“生存痛苦”其实是“解离”这一生存策略的遗留影响，也或许是你为了适应异常环境的正常反应。当人处于弱势地位，面对无法抗争也无法逃离的困境时，可能就会使用解离的生存策略，努力熬过所有逆境。

如果是这样，那么你的生存能力或许比你想象得要强大很多。

出版社找我约稿时，当初的主题是“自我接纳”。我在参与这份工作的过程中也深刻体会到了接受真实自我的难处。

即便如此，了解心理创伤肯定有助于大家面对自己生活中的苦恼。尤其是“‘部分’是‘小我’而非‘本我’”的概念，可以成为原本找不到的“自我接纳”过程中非常值得信赖的抓手。这种情况我已经见过很多次了。

“本我”的存在原本就并非是凭借独一无二的确定身

份才得以成立的。

面对威胁到生存的危险，想要活下去，就需要区分使用多个“小我”。面对的危险越大，“小我”的分裂就必然越极端。

作为生存策略结果而发生的人格的自我分裂，会在以后日常生活中“本我”的内部引发完全相反的冲动。

这是一种仿佛要撕裂自己的痛苦。自己不懂自己，没法信任自己，令人害怕。

这些感受正是“自我同一性混乱”，是生存痛苦的本质所在。

所有的“小我”都是你不可或缺的存在。虽然你内心纠结，几近崩溃，但能活到现在的“小我”们与你一样都非常强大，值得尊重。

关于心理创伤，如今新理论、新学说层出不穷，只是还没有达成统一的共识。本书的内容也不过是一个初入此行的临床医生目前的见解罢了。

即便我资历尚浅，但我不认为自己在本书中过分强调了心理创伤会对人的生活和人生产生巨大的影响。

此处，请允许我引用长年研究心理创伤问题的精神科医生杉山登志郎的文字：

平成时代[1]结束了，下一个时代的精神治疗主题是什么呢？

我问当精神科医生的朋友，他说很多人认为是依赖症。

但笔者认为不是依赖症。为什么呢？因为依赖症没有发育障碍那么广泛的涵盖范围，且依赖症的误诊因素也尚未得到普遍认可。

[1] 指1989年1月8日—2019年4月30日。——编者注

下一个时代的精神治疗主题还得是心理创伤。心理创伤的范围广度和误诊数量之多、专家治疗经验的欠缺等，使其无论从哪个方面来看，都是完全可以匹敌发育障碍的大课题[一]。

正如杉山先生所说，没有人注意到心理创伤患者背后的受伤经历。现在还有不少患者在被诊断为“复发性抑郁症”“心境恶劣”“双相情感障碍（Ⅱ型）”“人格障碍”等后，维持着“心理创伤=无法治疗、无能为力”的认知，长期接受着不知疗效的药物治疗。

另外，疲劳综合征、纤维肌痛综合征、慢性偏头痛、过敏性肠炎、经前期综合征等内科病和肉体上的病症，其背后也出乎意料地多与心理创伤有关。

不仅如此，人们还发现除了临床病例，所有的困难、难以理解的恶劣罪行和社会问题背后都存在心理创伤的影

㊀《发展性创伤障碍和复杂性创伤后应激障碍的治疗》（杉山登志郎著，诚信书房出版）

子。我们的确是处在“心理创伤时代”[㊀]的正中心。

每次探寻心理创伤的世界，我都觉得这个世界或许是靠着极少数幸运之人的意识在运转的。

表面上笑盈盈正常工作的人，有时候其心里却承受着难以想象的痛苦。只有本人才知道心底痛苦的本质。我认为，那些觉得自己可以简单理解心理创伤的人是非常浅薄、愚蠢、可笑的。

如果你能够找到一个方法，让你可以从不同于以往的角度重新讲述自己的生存故事，那么我写本书的目的就达到了。

首先立下一个小目标，然后去实现它。在不断实现一个个小目标的过程中，的确就有极大可能改写自己的人生故事。

㊀ 《多层迷走神经理论：身体·精神·社会》（津田真人著，星和书店出版）

我活到现在，见证过各种人的变化。即便是现在，这些人也让我在深受感动的同时，明白了无论身处何等痛苦的漩涡之中，人也不会完全丧失亲自重写自己生存故事的能力。

4. 微观改变与全模式转换

我认为，人的变化方式有两种。在一切顺利的时候，基本上是在守住目前积累的经验的同时，根据周围的变化稍微调整一下自己的人生轨道。这叫作“微观改变”，没有任何问题。

但是，人只要活在世界上，那么迟早都会遇到靠微观改变无法解决问题的情况。

想要放弃一直以来的过往故事，探索新故事，让自己与世界再次连接，就需要从根本上重新审视自我的存在，进行“全模式转换”。人们普遍认为，全模式转换会伴随着困难和痛苦。

虽然无法改变过去，但是可以改变对过去的解释。想要摆脱过去的故事，就需要赋予过去的生活方式以不同寓意的新故事。

我认为，从心理创伤的视角来观察世界，可以帮助我们发现新故事。透过心理创伤的镜片，或许就会发现自我否定、服从讨好、不信任等并不是自己的性格或气质问题，而是为了适应无法逃离的环境的宝贵的“生存策略”。

“我最讨厌的另一个‘小我’可能正在保护‘本我’。”

这个发现可以成为改变自我相处方式的一个支点。我认为，改善“本我”与“小我”的关系，比其他任何工作都有更深远的意义，它是一种只有你自己才可以胜任的最“神圣的工作”。

我曾经遇到过一位患者，其认为可以接纳自己一切的人很可怕。

虽然这名患者曾经有过一位能无条件地肯定自己的伴侣，但患者却莫名地害怕可以深度理解自己的人，觉得那样的人很恶心，会忍不住主动地远离那样的人。这件事一直在折磨着该名患者。

我估计，患者这种情况是由“想信任别人”“想被接受，获得安心”这些“本我”的需求与“接近别人不可能安心”“不可能有人爱我这种人”的“小我”的情绪相互对峙冲突造成的。

时过境迁，在这位患者尝试重新认识自我的关键时期，患者之前的伴侣向患者提出了复合的建议。该患者将复合这件事当作是向全模式转换的“挑战”，接受了伴侣的复合提议。

虽然这名患者经历了各种各样内心的挣扎，但据说还是逐渐获得了与伴侣在一起时的“适配感”。

后来，该患者逐渐习惯了自己面对“安心”不再感到“危险”的感觉，重新习得了安心感。

该患者渐渐开始与伴侣分享自己的想法，不再忍着不说。当两人的关系接近平等关系时，患者觉得“这份安心感肯定是不可动摇的了”，决定与伴侣携手共度余生。

感受“安心”的能力是神经的活动，是哺乳动物生存策略的核心。种子为了活下去所具备的顽强生命力远超我们的想象。

即使哺乳动物小时候与父母的关系不好，哺乳动物其神经所具备的感受“安全”的能力也并不会完全消失。大脑和神经具有可塑性（变化的能力）。

长期以来，人们认为，幼年时期变化过的大脑和神经的功能不会随着时间的流逝而发生改变。但实际上，我们发现，大脑和神经具有一定的柔韧性，终生都能发生变化。

其实，人毕生都有能力改变自己的思维方式、情感模式和认知方式。形形色色的人让我明白，所有人都拥有改变自己的能力。

“小我”不是敌人

明明每天都没有突然变卦的事情。
到底为什么！
战战兢兢。
嗯。
怦怦！
怦怦！
无论是“害怕”；
呼……
还是“想自我伤害”；
还是“寂寞”。
多谢惠顾！
没有以前那么讨厌了。

任何情绪都不是敌人，
而是我的一部分。
你可以来一下这边吗？
咔嗒
好的。
保持冷静。

5. 变化不是“勉为其难”

我在本书的引言里曾经提到过，我写这本书的目的是倡导要树立变化的小目标。但是，倘若读者觉得我在书中传达给读者的不是促使变化的契机，而是被迫变化的压力，那这不是我的本意。

也许有人认为，所谓的“全模式转换”就是一种脱胎换骨似的大变化，但实际情况并非如此。

直面心理创伤，并不是要毅然决然地与过去的自己进行“对决”。

你使用了一切生存策略，好不容易才活到了现在。

无论处于何种极端状态，你肯定摆脱过无数个困境才有了集大成的现在。

纵使那种境遇犹如地狱一般，几乎令自己丧失了生存的欲望，但你还是用奇迹般的平衡成就了“现在”。这是一个非常非常沉重的事实。

如今构成你的一切都是你采用的生存策略的结果，是你个性的源泉。

倘若如此，则没有任何无用的“小我”。你已经拥有了必需的“小我”，只是没能与这些“小我”和谐相处而已。

所以，虽说是全模式转换，但实际上并不需要改变很多，只需要做到与“小我”和谐相处即可。

不是要与过去的自己或没法面对的事情进行对决，而是要通过对话沟通，改善与它们的关系。那些曾经为了维护你的正常生活，不得不分离出来的“小我”们，如今也在拼尽全力地为你着想。

但是，由于你与“小我”们的关系不好，所以这些“小我”们才各行其是，整体不和谐，没有成为一个团队。

与“小我”们成为一个“团队”

为了让大家明白什么是与“小我”对话，我来举一个例子。首先，我会请患者想象自己是漫画 *ROOKIES*（《菜鸟总动员》）（森田真法 / 集英社）的导演（换成其他的热血运动漫画也行）。

ROOKIES 讲述了热血教师通过与所谓的不良学生们进行真诚的对话，让学生们敞开心扉，组成棒球队，团结一心以进军甲子园[一]为目标的奋斗故事。

在第 1 卷中，担任学校棒球队顾问的教师川藤幸一，被棒球队里最叛逆的学生新庄打了一拳。川藤说：

[一] 日本全国高中棒球联赛在甲子园球场举行。——编者注

“好奇怪。虽然是同一只手，握起来是拳头，张开来是手掌。

手掌的意思是手心。你知道吗？

我相信，总有一天，你会松开拳头，张开手来让我看你的掌心。”

即使是同一只手，既可以握紧变成打人的拳头，又可以张开变成抚摸人的手掌。

被大家视作不良少年的叛逆棒球队员们，因为川藤老师充满尊重的交流和态度，逐渐信任川藤老师，大家慢慢地组成一个团结一心的团队。

而直到最后都未敞开心扉的新庄，在一球定胜负的比赛的关键时刻走进了击球区，给川藤老师看了自己“松开的拳头”。此后，新庄成为棒球队的主力，活跃在球场上。

我们应秉持尊重的态度，去倾听隔离墙里面“小我”们的声音。

我们要承认所有“小我”的存在，认可它们的作用。在仔细倾听“小我”声音的同时，让这些“小我”们理解“本我”的需求，并与“小我”们建立起和谐的关系。

请各位认真地重新建立自己与“小我”们的关系。

没有人能够决定“我是谁”。

当“本我”改变了与隔离墙里面“小我”的关系时，即使没有“改变自我”的强烈意愿，“本我”也会自己发生改变。虽然“本我”的本质改变了，但是“本我”的个性还是大部分被保留了下了。主导这场对话的只能是负责日常生活的你自己。

借助专家的力量

还有一点很重要。

那就是，“如果不够从容，就无法进行对话”。

在与“小我”进行对话时，最重要的是你要保持住自己的内心容量。

如果内心没有容量，你就无法压制住隔离墙里面“小我”的势力。虽然你能够理解“小我”要求你持续地回应他人的要求，或者迫使你忙到极限，但是你自己必须保持内心的从容，哪怕只有一点点。

为了“小我”们，你需要确保“本我”内心的从容，找到紧张状态的根源，练习自我放松。只要内心有足够大的容量，你就不会被“小我”们任意摆布，你就可以维持正常的生活。

保持从容绝不是罪过，而是面向未来的必要治疗手段。

树立好小目标后，接下来该怎么办呢？对于这个问题，我没法给所有人一个统一的答案。

因为每个人所受过的伤害，以及到目前为止经历过的事情都有其独特性，非常复杂。所以，如果可以求助专家，还是希望大家去找专家帮忙。

遗憾的是，在本领域，很少有专家能够熟练地应付处理那些复杂的问题。而且，不得不说的是，不合适的专家可能还会加深创伤。

即便如此，还是有真心实意参与治疗的好专家。这也是事实。

大家在选择专家时必须要求助心理创伤的专家。另外，如果你感觉某位专家不适合自己时，不妨参考其他专家的意见。

下决心做出改变，求助专业机构，需要相当大的勇气。愿尽可能多的人能遇到真心实意对待自己的专家。

后　记

在提笔写后记之际，我又重新思考了自己想借助这本书向读者传达的思想。

思考的结果依然是“希望你能与自己和谐相处”。

哪怕只有一点点也好。希望你能在本书中找到可以帮助你实现与自己和谐相处的方法或思维方式。

如果你能找到，哪怕只有一个，我也会觉得自己的努力好像获得了回报。

喜欢一句话：“温柔的一半由知识组成。”

自我相处不好，可能是因为不了解自己。

倘若是这样，有一个办法就是先尝试“了解”自己。

因为那里肯定有你还不知道的“意义”。

知识是拓展世界的基础。

在与人交往的过程中，只有了解对方的情况、背景、苦恼后，才能采取恰当的行动。将这种交流法则套用在与“小我”的相处上，自己也可能会变得温柔。

如果能变成这样，那将让人多开心啊！

又或者，那曾有多开心啊！

我一边回想着各种各样的人的面容，一边默默地祈祷。

感谢你读到现在。

铃木裕介

参考文献

『解離の病理：自己・世界・時代』
編：柴山雅俊（岩崎学術出版社）

『解離：若年期における病理と治療 新装版』
著：フランク・W・パトナム、訳：中井久夫（みすず書房）

『身体に閉じ込められたトラウマ：ソマティック・エクスペリエンシングによる最新のトラウマ・ケア』
著：ピーター・A・ラヴィーン、訳：池島良子、西村もゆ子、福井義一・牧野有可里（星和書店）

『感じる脳：情動と感情の脳科学 よみがえるスピノザ』
著：アントニオ・R・ダマシオ、訳：田中三彦（ダイヤモンド社）

『構造的解離：慢性外傷の理解と治療 上巻（基本概念編）』
著：オノ・ヴァンデアハート、エラート・R・S・ナイエンフュイス、キャシー・スティール、監訳：野間俊一、岡野憲一郎（星和書店）

『ザ・ママの研究（よりみちパン！セ；56）』
著：信田さよ子（理論社）

『実践トラウマインフォームドケア：さまざまな領域での展開』
編：亀岡智美（日本評論社）

『自我状態療法：理論と実践』

著：ジョン・G・ワトキンス、ヘレン・H・ワトキンス、監訳：福井義一、福島裕人、田中究（金剛出版）

『ちひろさん』

著：安田弘之（秋田書店）

『トラウマインフォームドケア“問題行動”を捉えなおす援助の視点』

著：野坂祐子（日本評論社）

『トラウマと記憶：脳・身体に刻まれた過去からの回復』

著：ピーター・A・ラヴィーン、訳：花丘ちぐさ（春秋社）

『トラウマによる解離からの回復：断片化された「わたしたち」を癒す』

著：ジェニーナ・フィッシャー、訳：浅井咲子（国書刊行会）

『恥（シェイム）…生きづらさの根っこにあるもの（アスクセレクション；2)』

監修：岩壁茂（アスク・ヒューマン・ケア）

『発達性トラウマ障害と複雑性 PTSD の治療』

著：杉山登志郎（誠信書房）

『複雑性 PTSD：生き残ることから生き抜くことへ』

著：ピート・ウォーカー、訳：牧野有可里・池島良子（星和書店）

『「ポリヴェーガル理論」を読む：からだ・こころ・社会』
著：津田真人（星和書店）

『メンタライゼーションでガイドする外傷的育ちの克服：〈心を見わたす心〉と〈自他境界の感覚〉をはぐくむアプローチ』
著：崔炯仁（星和書店）

『もしも「死にたい」と言われたら：自殺リスクの評価と対応』
著：松本俊彦（中外医学社）

『ユング心理学入門 新装版』
著：河合隼雄（培風館）

『ROOKIES』
著：森田まさのり（集英社）

『USPT入門解離性障害の新しい治療法：タッピングによる潜在意識下人格の統合』
監修：USPT研究会、編著：新谷宏伸、十寺智子、小栗康平（星和書店）

野間俊一『現代の解離症理解』精神療法47巻1号（2021）

橋本朋広『解離の諸類型間の関係に関する考察』大阪府立大学大学院人間社会システム科学研究科心理臨床センター紀要10巻（2017）

ゲーム『ペルソナ4』（アトラス）

テレビアニメ『輪るピングドラム』

監：幾原邦彦

『社交不安障害（社交不安症）の認知行動療法マニュアル（治療者用）』

厚生労働省

STAFF

マンガ	福々ちえ
本文イラスト原案	大久保佳奈
本文イラスト	さくら

这是一本实用且高效的心理自助手册，它写给那些疲惫又焦虑的人士。当一个人陷入自我内耗，生活就会变得一团糟。本书作者将心理学知识结合咨询实例进行讲述，给读者以新知，笔触细腻，让内耗的人通过文字感受到情绪共鸣。书中内容分为四章，分别是：过分努力是因为有心理创伤吗；心理创伤的生成机制；在我之中的各种“小我”；重构“本我”与“小我”的关系。

读完这本书你会豁然开朗，停止内耗，横扫疲惫与焦虑，知道如何利用有限的精力、有限的时间达成自己的目的，让工作与生活焕然一新。

图书在版编目（CIP）数据

你也可以不那么努力：如何在工作和生活中与自己和解 /（日）铃木裕介著；陶思瑜译. -- 北京：机械工业出版社，2025. 1. -- ISBN 978-7-111-77404-4

Ⅰ. R395.6-49

中国国家版本馆CIP数据核字第2025US3261号

机械工业出版社（北京市百万庄大街22号　邮政编码100037）
策划编辑：刘怡丹　　　　责任编辑：刘怡丹
责任校对：郑　婕　李小宝　　责任印制：常天培
北京联兴盛业印刷股份有限公司印刷
2025年8月第1版第1次印刷
145mm×210mm・5.875印张・3插页・78千字
标准书号：ISBN 978-7-111-77404-4
定价：69.00元

电话服务	网络服务
客服电话：010-88361066	机　工　官　网：www.cmpbook.com
010-88379833	机　工　官　博：weibo.com/cmp1952
010-68326294	金　　书　　网：www.golden-book.com
封底无防伪标均为盗版	机工教育服务网：www.cmpedu.com